破字(파자)하면 漢字(한자)가 보인다

하루에
한 번
파자시

破字(파자)하면 漢字(한자)가 보인다

하루에
한 번
파자시

안채영

달아심

목차

日編(일편)

月編(월편)

火編(화편)

水編(수편)

木編(목편)

金編(금편)

土編(토편)

부록

먼저 한자를 잘 알지 못한다는 고백을 드립니다. 글로써 시를 짓는 사람으로서 마주 대하는 글자를 만날 때마다 그 단어의 역사를 떠올리게 됩니다.

예를 들어 '산책'이라는 단어가 있습니다. 사전적 의미는 '휴식이나 건강을 위해서 천천히 걷는 일'입니다. 보통 명사로 남이 산책이라 이르니 산책으로 사용하다가 그 단어의 과거를 들여다보고 싶어졌습니다.

산책은 한자어입니다. 흩을 散(산)은 '엉키거나 섞인 것을 가루로 내어 흩다'라는 뜻의 한자이며 '지팡이'와 '지혜'를 의미하는 꾀 策(책)과 숙어를 이뤄 오늘에 전합니다. 산책과 비슷한 말로 散步(산보)도 있습니다.

꾀[策]든 발걸음[步]이든 이를 흩어내는 것에 산책이라는 말의 목적이 들어 있었습니다. 파자를 하니 재미가 있어 글자를 계속 풀어보고 싶었습니다.

한자를 들여다보니 우리가 쓰는 단어의 뜻을 알게 되고 단어의 깊은 맛을 느끼게 됩니다. 파자 공부가 재미있었고 사람들과 공유하고 싶었습니다. 그래서 SNS에 꾸준히 연재한 덕택에 출판의 기회까지 얻게 되었습니다. 원래는 꾀를 버리려 걸었을 뿐인데 세월이 흘러 나중에는, 걷게 된 이유는 사라지고 그 걷는 일만 남아 단어로 흘러왔습니다.

책에 소개된 한자는 현재 사용하는 빈도가 높은 단어를 우선해서 골라 실었습니다. 또한 始編(시편)은 본격적인 파자에 앞서 가볍게 읽어보셨으면 좋겠습니다. 이 책은 요일별로 하루에 한 꼭지씩 읽으면 6개월이면 다 읽을 수 있도록 했습니다. 하루에 두 꼭지씩 읽으면 3개월이면 完讀(완독)할 수 있습니다. 여러분이 일상생활에서 가벼운 마음으로 책장을 넘길 수 있도록 구성했습니다.

한자를 풀어내는 일을 파자라고 하지요. 이 파자는 『說文解字(설문해자)』의 도움을 받았습니다. 그리고 글자의 이해를 돕기 위해 小篆體(소전체)도 넣었습니다. 여러분이 이 책을 통해 우리말로 사용하고 있는 한자의 낱말을 살펴 한자가 친숙하게 느껴진다면 바랄 게 없습니다.

2019년 12월

남녘 바닷가에서 안채영

일러두기

1. 이 책은 한자의 뜻을 먼저 쓰고 한자 뒤에 괄호로 음을 표기하였습니다. 한자에 대한 지식이 없어도 쉽게 읽을 수 있도록 하였습니다.

2. 한 꼭지에 한자가 중복되는 경우에는 뒤에 나오는 한자의 음을 생략하였습니다.

3. 본문에서 아래와 같은 한자는 뜻과 음을 생략하였습니다.

> 1) 수를 의미하는 한자
>
> 한 一(일), 두 二(이), 석 三(삼), 넉 四(사), 다섯 伍(오), 여섯 六(육),
> 일곱 七(칠), 여덟 八(팔), 아홉 九(구), 열 十(십)
>
> 2) 자주 쓰이는 한자
>
> 입 口(구), 물 水(수), 마음 心(심), 사람 人(인), 글자 字(자)

4. 한자는 여러 가지 뜻을 가지고 있으며 각 한자를 대표하는 뜻이 공식적으로 정해져 있지 않습니다. 다만 한자의 뜻은 본문을 이해하기 쉬운 것으로 선택했습니다.

5. 이 책에서 소개하는 한자의 어원은 여러 가지 설이 있기 때문에 몇몇 한자의 경우 이견이 있을 수 있습니다.

6. 저자의 의도를 최대한 존중하여 일부 문장부호의 생략과 외래어의 잘못된 표기 등의 사용을 허용했음을 밝힙니다.

始編(시편)

한자 漢子

- 한수 漢(한) 글자 字(자)

우리나라는 언어가 스트레스입니다. 신동이라며 다섯 살에 천자문을 뗐다는 둥 영어를 줄줄 한다는 것이 이슈가 되는데 참 스트레스입니다. 또 어쭙잖게 한자로 이름을 가르쳐준다며 한자는 어렵다는 편견을 갖게 만들고 급기야 영어와 한자를 몰라도 사는 데 지장 없다며 담을 쌓게 만듭니다. 입시 위주의 교육 탓에 시험이 목표가 되고 학문의 호기심과 독서는 박물관에 박제해버렸습니다.

학문의 왕도는 없지요. 한글에 익숙한 자녀가 유창한 한국말을 하는 게 이상할 리 만무한 것처럼 자주 읽고 말하고 듣고 썼다면 잘할 수밖에 없습니다.

破字(파자)의 취지는 파자를 통해 잘라낸 부분 자의 뜻을 알고 완성된 자의 일관된 의미를 유추해 뜻과 조합 원리를 깨쳐 한자를 들여다보자는 것입니다. 이렇게 되면 우리말을 쉽고 的確(적확)하게 구사할 수 있는 어휘력을 갖출 수 있습니다.

한수 漢(한)은 그 속에 水가 들었고 가죽 革(혁)에 큰 大(대)가 녹아 있습니다. 革은 가죽 皮(피)에서 털을 제거하는 무두질로 가죽을 만드는 정제 과정인데 물에 넣어 밟고 빠는 大단한 공력이 필요한 일입니다. 얼마나 고단한 일이었으면 높을 隹(최)를 붙여 어려울 難(난)이라 할까요. 難이 水를 만나면 배로 다니기 어렵다는 여울 灘(탄)이 됩니다.

漢字(한자)는 그 이름만큼이나 어렵게 여겨지지만 製字(제자) 원리만 이해하면 쉽습니다. 글자 字(자)는 마치 집 안에서 키우는 자식 같다고 집 宀(면)과 아들 子(자)를 조합했습니다.

破字를 통해 한자에서 인문을 느끼셨으면 좋겠습니다. 한자는 우리말을 2천 년 넘게 기록한 '기록어'이고 우리말을 표기한 '표의 문자'입니다. 한자 속에는 조상의 지혜와 얼이 녹아있습니다. 따라서 한자를 알아야 국어가 쉬워지고 뜻이 적확하게 전달되는 명문을 쓸 수 있게 됩니다. 한자는 부수 214자의 製字(제자) 원리와 '으뜸부분자의 머리글 모음'인 部首(부수)를 알고 나면 어렵지 않습니다. 한글을 제대로 사용하기 위해 반드시 한자를 알아야 합니다.

2

운치 韻致

- 운 韻(운) 이를 致(치)

　시인은 많은데 시는 없다는 말을 듣습니다. 시는 말의 깨달음이고 노래일 진대 그 노래 속에 참맛이 녹아 있지 않다는 비평입니다. 詩의 韻致(운치)가 실종되고 텅 빈 소리만 남은 경우를 자주 봅니다.

　운 韻(운)은 소리 音(음)과 인원 員(원)이 결합되었습니다. 員(원)의 갑골 문은 솥 鼎(정) 위에 동그라미를 그려 동그란 것을 나타내는 지사자입니다. '둥글' 圓(원)의 본자입니다. 그런데 나중에 위의 동그라미는 없어지고 아래는 비슷한 모양의 '조개' 패(貝)로 바뀌게 되었습니다. 이를 致(치)는 이를 至(지)와 뒤져 올 夂(치)가 결합된 것이니 발 도장을 찍는 것, 즉 시의 押韻(압운)입니다. 押韻은 詩와 같은 운문에서 행의 처음과 행의 끝, 행간 休止(휴지) 등에 비슷한 음이나 같은 음을 반복하는 방법입니다.

　韻致는 '우아하고 고상하다'라고 이야기하면서 어째서 운치인지 모르고 씁니다. 운치는 字의 소리이고 이 소리가 통하는 字를 詩의 정해진 律(률)에 맞추어 押韻한 것을 말합니다. 韻律(운율)의 강약 장단 고저 속에 마음을 흔 드는 맛이 있습니다.

18　始編

운치는 원래 '적절한 운을 배치해서 압운이 제대로 된 격조 높은 문장이 되었다'는 뜻입니다. 하지만 押韻의 본질은 사라지고 운치만 남았습니다. 지금은 漢詩(한시)의 韻은 멀리하고 텅 빈 韻致만 살아남아 雲峙(운치, 몽롱한 느낌)를 그리는 죽은 字만 난무하는 似以非(사이비) 시대인지 모르겠습니다.

3

가요 歌謠

- 노래 歌(가) 노래 謠(요)

노래의 기원은 몰라도 그 효과는 압니다. 노래는 치유와 즐거움의 마력이 있고 통일성과 용기라는 힘을 줍니다.

노래 歌(가)는 옳을 可(가)와 하품 欠(흠)의 결합입니다. 哥는 옳다는 의미이자 좋다는 흥의 표현이고 欠은 흠향할 歆(흠)의 약어로 쓰입니다. 결국 옳고 좋은 마음의 전달과 흠향이 곧 노래 歌입니다.

노래 謠(요)는 원래 고자를 살펴보면 여우가 사람의 입을 들여다보는 형상으로 소문이라는 의미였답니다. 그런 것이 오늘날에 육달 月(월)에 술통 缶(부)가 결합해 고기 안주에 술통을 곁들인 가운데의 말씀 言(언)으로 만들어진 字가 되었습니다.

힘든 노동의 삶에서 고단함을 잊고 安榮(안영)을 위한 제사를 마치고 제사 음식으로 술을 마시니 흥에 겨워 부르던 노래가 歌謠입니다.

4

음유 吟遊

– 읊조릴 吟(음) 놀 遊(유)

　구텐베르크의 인쇄술로 사라진 장르 중 하나가 吟遊(음유)라는 시입니다. 중세 자작시를 노래하며 떠돌던 모습을 吟遊라 했습니다. 음유시인은 자연과 사회 부조리 타파를 외치던 저널리스트이기도 했다지요. 우리나라는 김삿갓을 음유시인이라 했고요. 오늘날 시 낭송도 비슷한 부류라 할 수 있겠습니다.

　읊조릴 吟(음)은 口와 이제 今(금)을 합한 字입니다. 今이란 어제에서 현재까지라는 溫故知新(온고지신)이 담겨 있습니다. 공간과 시간을 넘어 바른 것을 노래한다는 의미입니다. 또 놀 遊(유)는 나부낄 㫃(언)과 아들 子(자)로 깃발 斿(유)를 만들고 쉬엄쉬엄 갈 辶(착)을 붙여 깃발을 들고 뛰어노는 아이의 모습을 표현했습니다.

　과거의 음유가 시인의 낭만이었다면, 오늘날 음유는 술 마시고 갈지字로 걸으며 高聲放歌(고성방가)하는 주객의 유전자로 전도된 것인지 모르겠습니다.

日編(일편)

1

산책 散策

- 흩을 散(산) 꾀할 策(책)

삼베 朮(마)를 두드리면 조직체가 흩어져 부드럽게 된다는 이치를 가진 字가 변천되어 오늘날 흩을 散(산)이 되었답니다.

흙 속 깊이 육신을 묻으면 남는 것 없이 모두 흩어져 자연으로 돌아가더라는 파자가 됩니다. 散은 흙 土(토) 두 개, 육달 月(월)에 등글월 攵(문)이 어울려 만들어진 글자입니다. 攵과 칠 攴(복)은 같은 字입니다.

꾀할 策(책)은 방법이나 그 꾀를 말하는 단어인데 대나무 竹(죽)에 묶을 束(속)을 합자한 字입니다.

대나무는 원래 채찍을 말합니다. 말을 부리는 채찍을 그것도 한 개가 아니라 다발로 묶은 것이니 얼마나 강력한 계책이겠습니까. 그런데 그 같은 계책을 산산이 흩어버리는 것이 散策이라니 아리송하지요.

새로운 지혜를 얻으려면 가진 꾀를 내려놓는 법부터 알아야 합니다. 옛 선인들은 조용하고 호젓한 길을 걷는 데서 비로소 깨달음을 얻었나 봅니다. 결국 걷는 것도 지혜를 구하기 위함입니다. 이처럼 머리를 식히기 위해 걸을 때 산책이라 하지만 그 원전은 '꾀를 버리는 일'이었습니다.

2
적막 寂寞

-고요할 寂(적) 고요할 寞(막)

이 말은 누가 만들었을까? 궁금할 때가 있는데 寂寞(적막)이 그렇습니다.

고요할 寂(적)은 방안에서 일어난 일을 뜻하는 갓머리가 들어갑니다. 집 宀(면)은 집안의 일을 뜻하고 아재비 叔(숙)과 쓰여 고요하다는 의미를 만들었는데 이게 재미있습니다. 집안에 있는 상대이니 어려운 관계입니다. 윗 上(상)에 작을 小(소)가 붙어 줄기 달린 감자를 의미하는 尗(숙)은 작은아주버니를 뜻합니다. 이게 여간 손이 많이 가지만 일일이 말을 하자니 입이 아픈 관계였나 봅니다. 말을 할 수 없으니 그만큼 침묵이 필요한 사이였을까요. 寂은 그렇게 만들어집니다.

같은 집 안의 일인데 초원에서 해 떨어질 때의 고요함이 깃들 때도 있습니다. 부부싸움? 아니면 시어머니의 친정 핀잔이었을까요? 고요할 寞(막)은 바로 저물 莫(모)인데 집 안에서 맞이하는 해 질 녘의 고요한 상황이니 이 말은 필시 여성이 만든 字일 겁니다. 莫는 글자 그대로 풀 艹(초) 위로 해 日(일)이 제일 크게 보일 시간이니 석양을 뜻합니다.

寂寞은 마음에 두면 병이 되는 여성의 글자입니다. 제 생각이지만 시집살이 말 못 하는 심정을 가장 잘 나타낸 게 적막이 아닐까 합니다.

손이 많이 가는 상전 중의 상전인 남편의 동생이 한 방에 있습니다. 여자는 오죽 속 끓임을 삭이고 삭여야 했겠습니까. 고즈넉한 적막은 그 모든 걸 뛰어넘은 신의 경지에 올라야 하는 것은 아닌지 생각해봅니다.

3

균형 均衡

- 고를 均(균) 저울대 衡(형)

    모름지기 우주의 질서는 均衡(균형)에 있습니다. 한쪽으로 기울면 필시 균열이 가고 그 끝을 맞이할 수밖에 없습니다.

    자연의 오랜 섭리인 형평의 기울기가 인간의 탐욕으로 흔들립니다. 공존하려면 저울의 기울기를 바로 하려는 노력이 반드시 필요합니다. 옛날부터 형평의 문제는 자주 시빗거리가 되었나 봅니다. 얼마나 급했으면 저잣거리의 소를 끌고 가다 뿔막이 가로대를 뽑아 저울대로 썼을까요.

    저울대 衡(형)을 파자하면 갈 行(행)에 뿔 角(각) 그리고 큰 大(대)가 나옵니다. 소가 수레를 끌면서 사람을 큰 뿔로 치받는 사고가 문제였는데 이를 막기 위해 소 정수리에 긴 가로대를 묶고 이를 衡(형)이라 부른 것에 기인한 字랍니다.

    그 가로대가 얼마나 실용적이었는지 이후로 저울대로도 쓰였는데 기울면 평형을 이룰 때까지 추를 더해 무게를 재었다지요.

고를 均(균)은 흙 土(토), 쌀 勹(포), 二가 결합돼 만들어진 字입니다. 땅바닥에 두 개를 세웠을 때 기울지 않게 고루 편 상태를 표현했습니다. 平均(평균)이 그 字에 해당하겠지요. 均衡은 衡平(형평)이고 치우치지 말아야 할 우리의 자세입니다.

4
존경 尊敬

- 높을 尊(존) 공경할 敬(경)

尊敬(존경)은 누군가 대상이 확정돼야 합니다. 이유가 분명해야 합니다. 숭배와 다르고 굴복과도 다릅니다. 존경은 같음에서 오는 다름이 그 理由(이유)입니다.

높을 尊(존)을 파자하면 八과 술 酉(유)로 나뉘고 그 아래 마디 寸(촌)으로 마무리합니다. 한참 잘 익은 술을 담는 게 술병 酋(추)이지요. 그리고 옛글에서 寸은 또 又(우)와 함께 손을 뜻합니다. 무엇인가를 높여 술병을 올리는 자세가 읽혔다면 그게 尊입니다.

공경할 敬(경)을 파자하면 평범한 사람이 일상에서 겪는 고통이 내재돼 있습니다. 바로 배고픔입니다. 배고픔의 상징 풀 草(초)가 등장합니다. 입을 잔뜩 웅크리고 감춘 자세가 句(구)입니다. 또한 주린 배에도 스스로 올곧은 정신을 유지하도록 스스로 채찍질한다는 의미의 칠 攵(복)이 붙습니다.

만인이 우러러보는 대상은 草根木皮(초근목피)함에도 절개를 지키고 사사로이 정신을 흐트러뜨리지 않는 힘을 가진 존재입니다.

5

행동 行動

- 다닐 行(행) 움직일 動(동)

다닐 行(행)은 고문 분석에서 십자로를 뜻하는 상형자로 봅니다. 즉 '길'입니다. 길은 만인이 왕래하여 만들어지고 안전함이 그 기본입니다.

조금 걸을 彳(척)과 절름거리며 걸을 辶(착)이 모여 行을 형성했다는 것으로 봐서 매우 느리고 조심스러운 '걸음'을 뜻합니다. 그래서 옛 성현은 발걸음이 무거워야 한다고 했나 봅니다.

움직일 動(동)은 무거울 重(중)에 힘 力(력)을 붙였습니다. 무겁다는 重은 千里(천리)를 걷는 발걸음이니 얼마나 무겁겠습니까? 이 같은 무거움에 힘을 가하는 행위이니 비로소 '움직임'이라 불렀답니다.

行動(행동)은 행함에 느리고 태산을 준동시킬 만큼의 무게를 가진 단어입니다.

6

충돌 衝突

- 찌를 衝(충) 부딪힐 突(돌)

앞서 얘기했지만, 다닐 行(행)은 느리게 예측 가능성을 안고 움직이는 것을 말합니다. 찌를 衝(충)은 원래 무기였답니다. 무거운 무쇠를 감은 나무 뭉치로 성문을 공격하던 무기를 衝車(충차)라 했습니다.

여기에 부딪힐 突(돌)은 큰 집의 기운이 八八 솟는 곳. 다시 말해서 구멍 穴(혈)에서 개 犬(견)이 쑥 나오면 突과 같은 글자가 되는데 무척 놀랄 일이지요. 어릴 적 개집 안에 있던 개가 불쑥 나오는 바람에 무심코 지나가다가 깜짝 놀라서 넘어질 뻔했던 기억이 납니다.

衝突(충돌)이란 묵직한 무게의 衝이 갑자기 튀어나와 부딪히는 상황을 묘사한 단어입니다. 힘 있는 무언가가 예측할 수 없는 行動(행동)을 보일 때 그것을 衝突이라고 표현합니다.

7

보은 報恩

- 갚을 報(보) 은혜 恩(은)

갚을 報(보)는 앞에 다행 幸(행)을 달고 있고 병부 卩(절)에 또 又(우)가 결합하면서 복종을 의미하는 자형이 됩니다. 살아가다 一번은 매운 辛(신)의 고초를 겪음으로 안전함이 幸이라는 것을 깨닫게 됩니다. 그 幸을 무릎 꿇고 아뢰고 아뢰는 것이니 갚는다는 말 속에는 이로운 것을 되돌려 준다는 뜻이 새겨져 있습니다. 참으로 깊이 있는 단어입니다.

신문의 日報(일보)라는 말도 정보가 주는 안전함입니다. 그래서 日報는 행복을 전하는 복된 소식이란 뜻이 아닐까요.

은혜 恩(은)은 에울 口가 아기 모양의 큰 大(대)를 감싼 모습의 인할 因(인)과 心이 결합된 글자이지요. 태어나 강보에 싸여 무기력할 때 길러주고 보살펴줌에 감사히 생각하는 心이니 얼마나 고마움이 사무칠까요.

報恩(보은)은 감사함에 사무친 白骨難忘(백골난망)의 마음을 품고 있습니다.

파격 破格

- 깨트릴 破(파) 바로잡을 格(격)

破格(파격)은 가죽에 돌을 치면 형태에 손상이 가서 흐트러지는 형상을 나타냅니다.

가죽 皮(피)는 고문에서 가죽을 벗기기 위해 손에 칼 같은 것을 들고 있는 모양을 하고 있습니다. 여기서 가죽이라는 뜻이 나왔습니다. 아직은 털이 붙어 있는 상태의 가죽인데, 이 털을 전부 제거한 것이 또한 가죽 革(혁)입니다. 옛날에는 짐승의 가죽을 얻으려면 상당한 노력이 필요했습니다. 목숨을 걸고 사냥을 하고, 그 가죽을 정성스럽게 벗겨야 하고 또 그 털을 제거해야 했지요. 그렇게 공들여 얻은 가죽을 돌로 치는 것이니 대단한 사건입니다.

바로잡을 格(격)은 뒤져 올 夂(치)에 口로 만든 글자입니다. 時差(시차)를 두고 동일한 일을 겪었는데도 앞사람과 뒷사람의 말이 各(각)各(각) 다르다는 이야기입니다. 각각의 형상이 자라 이르게 된 사물이 나무 木(목)이 자라듯 완성된 모습입니다. 格이란 사물의 근본이고 이 근본 格物(격물)을 보고 형성된 지혜가 오늘의 과학입니다.

그런데 이렇듯 형성된 格을 깨트리는 행위도 그 겉을 싸고 있는 皮의 안에 내재된 더 확실한 무언가를 찾고자 하는 것입니다. 결국 破格은 깸을 통해 창조하려는 생산적 가치를 찾고자 하는 것이 아닐까요.

순리 順理

- 순할 順(순) 다스릴 理(리)

順理(순리)는 세상을 살아가는 이치의 근본입니다.

순할 順(순)을 풀어쓰면 내 川(천)에 머리 頁(혈)이 됩니다. 머리 首(수)의 본자인 頁을 다시 파자하면 一을 코 自(자)에 올려둔 모습으로 수염을 흩날리는 머리를 뜻합니다. 自는 코 鼻(비)의 古字(고자)이기도 합니다. 눈 위에 뜻이 있으나 눈은 뜻 때문에 가려졌고, 입은 수염 때문에 가려진 頁을 무엇이라 해야 할까요. 결국 頁은 눈과 입이 가려진 상태로 완고한 형상입니다. 順은 눈과 입이 가려진 상태에서의 결정은 잘못될 수 있으니 물 흐르듯 순리대로 풀어가라는 뜻입니다.

다스림의 근본인 다스릴 理(리)는 玉(옥) 원석에 길이의 척도인 里(리)를 합한 것입니다. 理는 치우치지 않는 정확한 척도와 이치를 일컫습니다.

順理는 이렇듯 춘하추동의 변화처럼 낮과 밤의 조화처럼 물이 높은 곳에서 낮은 곳으로 흐르는 것처럼 모두가 받아들이더라도 이상할 것이 없는 처신을 말합니다.

표정 表情

- 겉 表(표) 뜻 情(정)

겉 表(표)는 털 毛(모)와 옷 衣(의)가 합해져 만들어진 글자입니다. 지금 表자에서는 毛자를 찾아보기 어렵지만 소전을 보면 衣자 가운데 毛자를 그려 넣었습니다. 가죽옷을 입을 때 그 털이 겉으로 드러나게 입는 데서 겉이나 바깥의 뜻으로 쓰이게 되었습니다.

이와 반대 되는 글자는 衣와 안소매를 뜻하는 里(리)가 합해져 속 裏(리)가 되고 表裏(표리)는 의복의 안과 밖을 경계로 겉과 속을 나타냈습니다. 그래서 表裏는 늘 대응관계입니다.

뜻 情(정)은 마음에 엷은 싹이 나는 것을 형상화한 글자입니다. 푸를 靑(청)은 날 生(생)과 붉을 丹(단)이 변하여 된 字입니다. 새 생명이 움트고 자라는 것을 靑이라 하고 靑山(청산)은 새 생명을 잉태한 땅을 말합니다.

그러므로 表情이 마음에 품은 심리가 겉으로 드러남을 뜻하는 말로 정착하게 된 것은 심장에 새 생명의 좋은 기운이 움틈을 의미하기 때문입니다.

혼백 魂魄

- 넋 魂(혼) 넋 魄(백)

옛날부터 사람은 魂魄(혼백)으로 이루어진 결합체라고 여겼습니다. 三魂七魄(삼혼칠백)이란 정신을 지배하는 것이 魂(혼)이고 육체를 지배하는 것이 魄(백)이라는 말입니다.

魂은 사람이 수명을 다하면 신주에 들었다가 하늘 靈界(영계)로 돌아가고 魄은 몸과 함께 흙으로 돌아가 흩어진다는 것입니다. 이때 靈界에 이르지 못하고 구천을 떠돌면 歸神(귀신)이 되는데, 이를 鬼神(귀신)이라 불렀습니다. 鬼神은 공포 그 자체입니다.

魂魄의 핵심은 鬼입니다. 鬼는 정수리 囟(신)에 발이 달려 구름을 타는 모양입니다. 아이 兒(아)라고도 하는데, 갓난아이는 정수리가 굳지 않아서 숫구멍으로 숨을 쉬는데 이곳을 사고의 본질, 생명의 근원으로 본 듯합니다. 그래서 정신의 魂은 구름을 타고 있는 云(운)과 결합하고 魄은 태양 아래 보일 白(백)과 결합하여 육신의 魄이 되었다 여겼습니다.

혼백의 본체인 鬼의 본뜻은 본향으로 돌아갈 歸로 귀결됩니다. 고대 중국에서는 시집갈 때 고향 언덕(阜)의 흙과 빗자루(帚)를 들고 가는(止) 풍습이 있었습니다. 결국 歸는 여인이 돌아가야 할 집이 시집이라는 의미입니다.

　사람은 누구나 돌아가지요. 魂은 날아가고 魄은 흩어져 자연으로 가는 존재라서 魂飛魄散(혼비백산)이라는 말이 나왔지만 魂飛魄散도 가려 사용해야 하겠습니다.

비밀 秘密

– 숨길 秘(비) 숨길 密(밀)

秘密(비밀)은 봐서는 안 될 것, 발설해서는 안 될 때 쓰는 단어입니다. 이것이 누설됐을 때는 좋은 일보다 그르칠 일이 많지요.

숨길 秘(비)의 본자는 숨길 祕(비)입니다. 볼 示(시)와 구분할 八, 주살 弋(익)이 꾸며진 字입니다. 주살은 원래 화살로써 살에 줄을 매달아 날린 후에 회수가 가능토록 만들어진 활의 살이란 말도 있고 창에 줄을 매단 사냥용 무기란 말도 있습니다.

어쨌든 주살은 수렵 사회에서 먹고살기 위해 드는 힘의 한계를 각인시켜 주는 도구입니다. 그렇다면 힘으로 나뉜 능력이 생겼고 비기도 생겼을 것입니다. 이것은 공공연히 궁금증의 대상이 되었고 비기를 알려다가 다툼이 생겼겠지요. 후에 사회의 安榮(안영)을 위해 법이 생겼는데 비기를 보고자 하는 것은 허용되지 않았고 비기를 가진 사람은 숨겨야 하는 비밀이 되지 않았을까요.

그래서 만들어진 숨김의 字. 秘는 숨길 密(밀) 속에서 숨김의 상징으로 살아 있습니다.

　密은 잠잠할 宓(밀)과 뫼 山(산)의 결합자입니다. 잠잠하다는 뜻으로 宓과 謐(밀)을 혼용해 쓰기도 하는데요. 반드시 必(필)을 집 안에 두거나 입안에 두면 세상이 잠잠하다는 말이 핵심이고, 이를 태산 위의 집에 두라고 하였으니 재갈에 재갈을 더한 것이 密입니다.

　'세상엔 비밀이 없다'는 말은 비밀이 누설의 본능을 가졌다는 역설이 아닐까요.

13

인식 認識

- 알 認(인) 알 識(식)

같은 반 같은 스승 밑에서 배워도 시험을 치면 점수가 다 다르지요. 같은 나라를 다녀오고 기행문을 써도 느낌이 다릅니다. 이는 認識(인식)의 차이에서 기인한다고 봐야 합니다. 사물을 판단하고 받아들이는 사유 활동을 인식이라 합니다. 두 자는 모두 '알다'라는 뜻이지만 '알다'라는 사유의 반응은 각기 의미가 다릅니다.

알 識(식)을 먼저 살피면 깃발 幟(치)에서 파생한 말입니다. 이것은 보아서 앎을 전제합니다. 약속한 신호나 합의된 약속을 따른다는 의미지요. 전쟁에서 신호기를 보고 함성을 지름을 뜻하는 字意(자의)가 숨어 있습니다.

반대로 알 認(인)은 다릅니다. 認은 칼 刀(도)에 점을 찍은 칼날 刃(인)과 心, 言을 합해서 탄생했습니다. 참을 忍(인)을 말로 인정하여 앎으로써 받아들인다는 복종적 사유가 함의되어 있습니다. 권위 있는 기관의 인정서 같은 것이지요. 그러나 반대로 목에 칼이 들어와도 자신이 판단한 것을 부인하지 않는 의지라는 뜻도 있습니다. 선비는 보통 후자의 뜻에 속하는 경우가 많아 유배를 가기도 했습니다.

認識은 외부적 힘과 내재적 사유 체계가 작동한 것입니다. 그러므로 正誤 (정오)의 판단으로 사물을 받아들이는 가치 판단의 체계가 認識입니다.

환경 環境

- 고리 環(환) 지경 境(경)

요즘같이 環境(환경)이 대두된 적이 있을까요. 생태계의 파괴로 많은 種(종)이 사라져가고 環境의 원뜻 역시 훼손돼 인문의 본질도 잠재적으로 위협을 받고 있지요.

고리 環(환)은 구슬 玉(옥)에 눈 目(목), 옷이 긴 袁(원)이 모여 만들어진 字입니다. 뜻을 풀어보면 옷에 감긴 구슬을 보고 눈이 옆으로 돌아가고 입을 벌려 놀라는 형국입니다. 놀라서 볼 睘(경)이 된 이유는 옷에 구슬을 둘렀기 때문인데요. 당시 옥구슬을 주렁주렁하게 달았다는 것은 고위직의 신분을 나타내는 것이니 놀랄 수밖에요.

고리라는 글자 속에는 玉으로 된 환대를 찬 귀족이 있고 귀함을 뜻하니 우리는 이 귀한 것을 보존해야겠지요.

한편 지경 境(경)은 흙 土(토)와 설 立(립), 볼 見(견)으로 언덕에 올라서서 경계를 살피는 字입니다. 그만큼 흙은 곧 농경 사회에서 경작할 원천이었으니 중요했겠지요.

環境이란 사람이 자연계의 주체로 살아가면서 좋은 여건을 만들기 위한 세부적인 요건입니다. 환경이 상호작용으로 미치게 되는 고리로서의 경계라면 설명이 좀 어렵나요? 하지만 원전은 '환대를 찬 사람이 내 삶에 영향을 주는 범위'라는 뜻입니다.

경위 經緯

- 날經(경) 씨緯(위)

　사람으로 살아가는 데 없어서는 안 될 것이 衣食住(의식주)입니다. 인류가 만물과 구분되는 표징이 衣(의)라 할 수 있고 옷을 짓는 것이 문화의 시작은 아니었을까요. 옷 짓는 문화의 시작을 紡績(방적)이라 하고 우리말로 길쌈이라 부릅니다.

　가죽 革(혁)을 두르거나 풀 草(초)로 몸을 가리던 생활에서 纖維(섬유)를 짜게 된 것은 언제인지 정확하지 않습니다. 가는 실 糸(멱)만 봐도 織組 生活(직조 생활)이 오래되었음을 알 수 있습니다.

　길쌈의 재료가 되는 糸은 파자하면 작을 幺(요)에 작을 小(소)가 결합한 자입니다. 幺는 작고 작은 小를 꼬아 매듭짓는 것을 표현한 字입니다. 이는 인류 최초의 문화 활동인 옷 짓는 일을 형상화한 부수입니다.

　길쌈은 베틀에 세로로 날줄을 걸고 그 사이로 씨줄을 담은 북으로 엮어가는 무한 반복의 결실이었습니다. 긴 밤을 길쌈으로 천을 짜던 고단한 삶의 노랫소리가 문화의 시작입니다.

糸을 가진 字는 대부분 길쌈질과 연관 있는 단어인데요. 오늘의 물줄기 巠(경)과 가죽 韋(위)가 그 핵심입니다. 날줄은 근본으로 위에서 아래로 내려진 실입니다. 그 날줄의 벌린 사이로 왕래하는 실이 씨줄입니다. 씨줄이 잘 끊기게 되면 베 짜는 일이 어렵습니다. 씨줄[緯]은 질기고 무두질이 잘된 가죽처럼 튼튼해야 해서 韋를 씁니다.

날줄이 巠처럼 폭넓게 내리는 것도 도량이지만 튼튼하고 끊어지지 않는 바탕실인 씨줄이 잘 여여야 가치 있는 천이 짜집니다. 간혹 부실한 천이 조악해서 상품 가치를 잃게 되면 그 經緯(경위)를 파악하라는 불호령이 떨어질 수도 있지요.

어쩌면 인생도 저마다 하늘이 부여한 날줄을 펼치고 그 사이로 인연을 맺으며 짠 길쌈질이 아닐까요? 우리의 삶이 넓고 촘촘하게 잘 짠 천이 되고자 오늘도 노력해야겠습니다.

침묵 沈默

- 잠길 沈(침) 잠잠할 默(묵)

沈默(침묵)은 복잡한 사회, 언어의 홍수에서 가장 간명하고 무거운 언어라고 하이데거는 말합니다.

잠길 沈(침)을 파자하면 水와 머뭇거릴 冘(유)의 결합입니다. 冘는 갓머리에 人이 합해져서 사람이 베개를 베고 누워 있는 모습을 뜻하는 字라고도 합니다.

『설문해자』의 원자는 水에 소 牛(우)를 써 제사를 지내기 위해 소를 물에 가라앉히는 형상이라고 합니다. 이것이 뒤에 沈으로 변했다는 건데요. 즉, 베개를 벤 사람을 물에 가라앉힌 정적인 상태로 고요를 뜻하는 것이지요.

沈이 잠잠할 默(묵)을 만났습니다. 불에 그을린 창문을 뜻하는 검을 黑(흑)은 창문 四에 검은 흙 土(토)가 火에 의해 그을린 상태의 빛이니 검은빛을 말합니다. 어두운 집 안에 있는 개 犬(견)이 짖지 않고 무언가를 응시하는 상황이 默입니다.

금방이라도 일갈할 듯한 무언의 적막감이 지배하는 상황을 沈默이라 일컫습니다.

불교에서는 침묵을 승려의 공부에 적용하는데요. 이 수행을 默言修行(묵언수행)이라 합니다.

시위 示威

- 보일 示(시) 위엄 威(위)

示威(시위)는 옛날에 제사장이 제사상을 차리는 것을 글자화한 것입니다.

보일 示(시)는 一과 힘센 사내 丁(정), 八이 만든 字입니다. 힘이 센 장정이 팔팔한 힘으로 제단을 하나로 펴서 제사상을 마련하는 게 示의 형성 배경입니다.

위엄 威(위)는 개 戌(술)과 여자 女(여)가 합자된 字입니다. 戌은 파자하면 천간 戊(무)에 一을 품은 글자로 본래 도끼 戉(월)과 같은 字입니다. 갑골문을 보면 창에 손잡이가 있는 형상이니 개에게 목줄을 묶어 들고 있으면 창과 견주어도 두렵지 않다는 뜻이 담겨 있습니다. 威란 여성이 사나운 개의 목줄을 들고 웅크린 모습을 하고 있는 것이니 얼마나 위엄 있게 보였을까요.

결국 示威란 제사상을 차리고 위엄 있는 자세를 취하여 약하게 보이던 자가 강한 진면목을 보이는 것이니 가히 충격적인 광경이지 않았나 싶습니다.

오늘날 데모와 같은 의미로 쓰이는 시위는 무력이라는 물리력으로 상대의 기선을 제압하던 제사적인 의례에서 나온 말입니다.

이치 理致

- 다스릴 理(이) 이를 致(치)

옛날 구슬 玉(옥)이 귀한 보배로 쓰일 때 옥에서 고운 무늬를 찾는 일을 理(이)라 하였습니다. 그러던 것이 마을 里(이)가 寸(촌)과 같은 도량형으로 쓰이면서 玉과 里가 합하여 다스릴 理(이)로 정착되었습니다. 무릇 다스림에 있어 치우침이 생기면 불만이 생기고 불평이 생기면 옳게 관리될 수 없지요.

한편 이를 致(치)는 하늘을 날던 새가 땅에 내리는 모습을 보고 형상화한 이를 至(지)와 칠 攴(복)을 합하여 이른다는 의미입니다. 먼 공맹 시대에는 致가 급여로 통칭되었나 봅니다.

얼마나 월급을 빨리 받고 싶었으면 내리는 새의 착지를 기다리지 못하고 매를 들어 재촉하고 싶었을까요. 하지만 주는 입장에선 남은 이윤, '있는 것을 전부 탈탈 털어주는 것'이라는 뜻이 파자에도 남아 있습니다.

궁극에 理致(이치)란 것도 내가 뿌린 것에 대한 귀착인 셈이니 세상 돌아가는 명료한 條理(조리)란 것도 따져보면 불평등 없이 만족할 수 있는 나눔 실현의 가치인 셈입니다.

내가 뿌린 만큼 정확한 거둠이 적용되는 것이 세상의 이치인데 그게 급여
라니 재밌습니다.

우려 憂慮

- 근심할 憂(우) 생각할 慮(려)

근심 憂(우)는 머리 頁(혈)과 덮을 冖(멱), 心과 뒤져 올 夂(치)가 결합된 모습입니다. 頁은 눈과 코, 수염을 형상화한 字이지요. 근심이 차서 마음에서 머리로 해소되지 못하고 가슴 위로 덮여 천천히 지속되는 뒤져 올 夂가 붙어 근심할 憂(우)가 만들어졌습니다.

근심거리가 해결되지 못한 답답한 마음을 그려놓은 게 느껴지시나요.

호피 무늬 虍(호)는 호엄이라고도 합니다. 호피 무늬가 현란해서 복잡하지만 그래도 무늬 가운데 선택해야 하는 방황을 묘사한 게 생각할 慮(려)입니다.

憂慮(우려)는 근심스러운 마음이긴 해도 대처가 가능한 해답이 존재하는 고민 정도라고 이해하면 어떨까요?

20

감사 感謝

– 느낄 感(감) 사례할 謝(사)

세상살이가 내 뜻대로 되지 않는다고 불평을 하는 사람보다 매사에 感謝 (감사)함을 갖는 사람이 더 행복하고 성공적인 삶을 산다고 합니다.

느낄 感(감)은 다 咸(함)과 心이 만든 字입니다. 풀어쓰면 개 戌(술)과 口입니다. 앞서 戌은 도끼 戉과 같다고 했었죠. 그러니 무기인 도끼를 들고 고함을 질러대는 모습인데 먼 옛날 도끼로 목숨을 취해 '도륙을 내다'라는 의미를 가진 게 咸이였습니다. 그랬던 咸에 心이 붙어 생명을 부지케 되었음을 감사하는 마음을 의미하는 글자가 되어 오늘에 이르렀습니다.

사례할 謝(사)는 말씀 言(언)에 쏠 射(사)를 붙여 말씀으로 정확하게 과녁을 맞힌다는 뜻입니다. 射는 몸 身(신)에 마디 寸(촌)이 결합되어 온 힘을 다해 과녁을 당기는 몸을 형상화 한 것입니다.

따라서 感謝는 제물로 희생될 처지의 생명을 구해준 것에 고마워 감사함을 있는 힘을 다해 말로 표현하여 상대의 마음에 말을 꽂히게 하는 것입니다. 항상 감사함이 몸에 배어 있다면 매사가 잘 풀려서 정말로 행복할 것입니다.

건강 健康

- 굳셀 健(건) 편안할 康(강)

오늘날 많은 사회학자는 우리가 상실의 시대를 산다고 진단합니다. 잃지 말아야 할 첫 번째가 健康(건강)입니다. 건강은 스스로가 챙겨야 할 기본이라고 인식하고 살아야 다른 것을 잃지 않습니다.

굳셀 健(건)은 人과 붓 聿(율), 길게 걸을 廴(인)이 합해져 굳세다는 의미를 갖게 되었습니다. 굳셈의 정의를 『설문해자』에서는 自强不息(자강불식)이라 했습니다. 스스로가 강건할 수 있도록 끊임없이 노력하는 일이라고요. 그렇지요. 사람이 그날그날 붓으로 계획을 세워 길게 보고 실행하는 것이 굳셈의 개념입니다.

편안할 康(강)은 흔히 넓은 집 广(엄)과 종 隶(예)가 합쳐져 생긴 字로 알지만, 쌀 米(미)와 별 庚(경)이 결합된 것입니다. 庚은 옛날 탈곡기의 모습을 그린 것이니, 탈곡기에서 곡식의 낱알이 떨어지는 모습을 표현한 것이지요. 다시 말해서 경제적 먹거리가 늘 떨어지지 않는 것이 편안함의 첩경입니다. 그러나 지나치게 골몰하는 것보다 安貧樂道(안빈낙도)의 검소함이 편안함을 줄지도 모릅니다.

건강은 계획되어 준비된 일을 지속해서 이루어가는 안정된 마음이면 족한 것이겠지요. 건강을 잃으면 전부를 잃는다는 점은 생의 여행에서 잊지 말아야 할 잠언입니다.

관통 貫通

- 뚫을 貫(관) 통할 通(통)

여성을 나타내는 여자 女(여)가 출산을 지나면 어미 母(모)가 됩니다. 母는 형태상으로 젖을 먹이는 여성을 형상화한 상형문자입니다. 그런데 母와 비슷한 글자로 말 毋(무)가 오늘의 파자의 핵심으로, 뚫을 貫(관)의 머리인데 미리 말씀드리지만 유감스런 字입니다.

母에 빗장을 질러 어머니로서의 性(성)을 보호(?)하겠다는 의식으로 만든 字인데 그게 毋가 됩니다. 먼 옛날 여성의 性을 더럽힌 性범죄자를 잡는 毋追(무퇴)라는 벼슬이 있었습니다. 그 옛날 별도로 性범죄만 전담해 죄인을 잡았다니 성범죄는 인류사의 오래된 범죄로 글자에도 그 흔적이 남아 있습니다.

그래서 貫은 毋에 돈을 나타내는 조개 貝(패)가 붙어 경계를 삼지 않으면 금전적으로 패가망신한다고 경고하고 있습니다.

한편 통할 通(통)은 골목길 甬(용)에 쉬엄쉬엄 갈 辶(착)이 만난 字입니다. 아무리 좁은 골목이어도 길이기 때문에 대로를 만나게 된다는 뜻입니다.

옛 성현은 성적의 표본으로 通을 가지고 나누었답니다. 대통은 수, 약통은 미, 불통은 가였지요. 통은 우 정도의 성적입니다. 통은 그 자체로 지나가다, 넘어선다는 의미이지요. 貫으로부터 通하는 경지는 어디쯤일까요? 삶의 숙제입니다.

흔적 痕跡

- 흉터 痕(흔) 발자취 跡(적)

　언젠가 본「동물의 왕국」. 화면에는 상처 자국이 선명한 수사자가 무리의 리더가 되는 과정이 나왔습니다. 고진감래로 자릴 차지한 후 무리 속에서 포효하는 얼굴에는 크고 작은 생채기투성입니다.

　흉터 痕(흔)의 병질 疒(엄)은 병상에 누운 모습의 형상이고 그칠 艮(간)은 주역의 팔괘의 하나로 평정심을 나타냅니다. 원뜻은 '뒤에 눈이 달리다'라는 뜻입니다. 그래서 痕은 아픈 자리가 아물고 거기에 뒤조차 보이는 눈이 달려 거듭 다칠 일을 만들지 않는 상태를 말합니다.

　跡(적)은 발자취입니다. 발 足(족)과 다시금 亦(역)으로 꾸며진 거로 봐선 표식입니다. 누군가 타인에게 알리는 안내 표식인 셈이지요. 선험적 경험을 족적으로 남김으로써 후에 표상으로 삼는다는 이야기지요.

　「동물의 왕국」으로 돌아갑니다. 선험적 상흔을 가진 그 위엄이 다른 동물을 압도해 감히 덤비지 못하게 만드는 위력이 되겠다는 생각. 대중에게 자신을 알아달라고 적어내는 이력도 其實(기실) 痕跡(흔적)의 하나로 자리 잡혀

오늘날에 이른 것이겠습니다. 조직폭력배의 전신 타투도 그렇게 봐달라는 위력의 상징 조작이라 생각하니 웃음이 납니다.

소식 消息

–사라질 消(소) 쉴 息(식)

    스님이 화두로 삼아 증진하듯 消息(소식)으로 종일 끙끙거렸습니다. 소식은 지금껏 알림이나 기별로 사용했는데 파자를 해보면 감이 잡히지 않게 됩니다. 다시 말해서 숨쉬기를 지우는 행동은 아무래도 무참하기 그지없습니다.

    쉴 息(식)은 코와 가슴 사이를 오가며 숨을 쉬게 함을 나타내는 字입니다. 스스로 自(자)는 코를 형상화함(앞서 鼻의 본자라고 얘기했지요)이고 心은 생명을 유지하는 맥동의 중심인 심장입니다.

    옛날에 30리 길을 1息으로 거리를 잴 때가 있었습니다. 1息을 표시한 이유는 한 번 쉴 점을 두어 건강과 안전을 지키자는 지혜입니다. 다시 말해 12km마다 한 번은 쉬어야 생명을 유지한다는 보행 시대의 도량입니다.

    그런데 息을 지우거나 사라지게 할 消(소)라니. 消는 水에 닮을 肖(초)를 합하여 닮은 것을 물에 흘려보내 지운다는 의미를 갖고 있습니다.

사람이 코와 심장 사이에 갑갑함을 느꼈는데 무언가를 전하니 갑갑했던 것이 쏙 뚫려버렸습니다. '갑갑함을 지워버린 무언가'가 소식은 아닌가하고 역발상을 해보고 무릎을 칩니다.

소식은 분명 所聞(소문)과 다릅니다. 1息이 12㎞인 제법 거리가 떨어진 관계에서의 목적 있는 알림이 소식입니다. 그 소식은 분명 속이 뚫리는 시원함을 주는 알림입니다.

소식 전달 방법이 편지와 전화, 휴대폰, 신문, 방송 등 다양하고 편리해졌습니다. 서로의 소식을 묻는 소식을 내가 먼저 보내보는 것은 어떨까요.

계급 階級

-섬돌 階(계) 등급 級(급)

신분 사회가 시민 사회의 정치적 변화에 따라 몰락했습니다. 그러나 여전히 가진 자의 마음 한구석에 選民意識(선민의식)의 우월감으로 자리 잡고 있는 階級(계급)을 파자해봅니다.

섬돌 階(계)는 돌층계의 돌이란 뜻으로 좌부 阝(변)을 써 언덕 阜(부)의 뜻과 모두를 나타내는 皆(개)가 합하여 된 字로 계단의 한 층이라는 의미입니다. 다시 말해 모든 대상을 계단에 줄 서게 합니다. 제일 밑의 가운데가 중심이며 위로 갈수록 옆으로 번질수록 그 비중을 한눈으로 알 수 있는 상태를 말합니다.

등급 級(급)은 실 糹(사)에 미칠 及(급)이 합해진 字인데 실이 미치는 구간까지가 그 등급이 갈 수 있는 한계를 뜻합니다.

사회 분석과 통계를 위한 학문적 계급의 구분은 어쩔 수 없는 일입니다. 하지만 사회가 '금수저'와 '흙수저'를 구분하고 일부가 기회를 독점하는 '반칙을 위한 계급'은 지양되어야 할 계급 구조입니다.

시민 사회에서는 오를 수 있는 등위와 갈 수 있는 한계가 정해질 수 없습니다. 사람을 계급으로 구분하는 것은 없어져야 합니다.

경지 境地

- 지경 境(경) 땅地(지)

산이 울리는 폭포수 아래 득음을 위해 증진하는 명창이 어느 순간 자기만의 音(음)을 찾고 드디어 명창이 됩니다. 우리는 명창의 音을 듣고 境地(경지)에 올랐다며 禮讚(예찬)을 아끼지 않지요. 누구나 오를 수 없는, 타와 구분되는 위치를 경지라고 합니다.

지경 境(경)은 흙 土(토)와 마칠 竟(경)이 합해진 字입니다. 竟은 音과 어진 사람 儿(인)이 합해져 소리가 갈 수 있는 경계라는 의미입니다. 여기서 音이 나오는데 음의 원조는 말씀 言(언)입니다. 言의 口에 一을 더해 입에 악기를 문 모양을 나타내어 소리라는 글자가 되었지만 말의 단계에는 이르지 못한 단조로운 소리입니다. 하지만 竟이 되므로 노래가 되고 언어 이상의 느낌을 전하는 단계로 오른 것입니다. 이때 竟에 오른 자가 지배하는 공간적 범위가 생기고 그 공간이 境이 된 것입니다.

그렇다면 땅 地(지)는 어떨까요. 土와 어조사 也(야)로 만들어진 간명한 땅의 근원 '흙이다'로 귀결되는 세상이 녹아 있습니다.

누구도 범접해서는 안 될 독보적 영역을 境의 단계라 하고 후에 地와 결합해 물리적, 재산적 경계로 정착하게 됩니다.

경지에 이르면 배타적 지위가 부여되었습니다. 농경 사회에서 으뜸의 표현 방법은 땅으로 귀결되었습니다. 그래서 지금도 '경지에 들어가다'가 아니고 '境地에 오른다'라고 쓰고 있는지도 모릅니다.

月編(월편)

1

예술 藝術

-재주 藝(예) 재주 術(술)

우리가 쓰는 용어를 다뤄보는 것도 재미있겠지요. 아마도 긴 시간 동안 사용하다가 정착된 사례가 있지 않을까요. 예술이 그 사례입니다. 재주 藝(예)는 본디 농사를 짓는 데서 유래되었답니다. 재주가 남달라 심는 족족 풍성하게 수확하면 예술이라 했습니다.

藝는 풀 艹(초)에 기름진 땅을 뜻하는 언덕 坴(육)을 합한 字입니다. 坴은 큰 흙더미로 윗 丄(상)과 六, 흙 土(토)로 나눌 수 있는데 여섯 배의 소출을 보장하는 기름진 땅입니다. 어쨌든 재주 있는 이의 농사에 그 소출이 구름 云(운)같이 많으니 藝라는 호칭이 붙었답니다.

고대 중국에서는 여섯 가지 교육 과정이라는 뜻으로 六藝(육예)를 사용했습니다. 六藝는 후에 선비로서 익히고 알아야 할 여섯 가지 경전을 의미하는 詩書六藝(시서육예)로 확장되었습니다. 따라서 藝는 실로 대단한 字임에 틀림이 없습니다.

한편 재주 術(술)은 원래 익숙한 길이라는 다닐 行(행)에 차조 朮(출)이 붙어 발에 익숙한 길이라는 뜻입니다. 術은 계통과 개념이 획립된 제주라는 뜻이 되어 자리 잡혔습니다.

찹쌀처럼 찰기를 띤 발에 짝짝 붙는 길이니 헤맬 필요 없는 신묘한 길이지요. 사람이 길 道(도)를 찾다가 術을 알면 道術(도술)이 되는 이치겠습니다.

예술의 捷徑(첩경)도 사람을 떠나서는 생각할 수 없는 재주이지요. 인본에 충실한 재주가 예술의 근본임을 보여주고 있습니다.

환영 歡迎

-기쁠 歡(환) 맞을 迎(영)

길을 가다가 현수막에서 자주 보게 되는 '歡迎(환영)'을 파자해보겠습니다. 언제부터 있던 字일까 하는 단상에 젖어봅니다. 歡迎은 기뻐 맞이함의 간결한 의미를 담고 있으나 만만치 않은 내공을 가진 字입니다.

기쁠 歡(환)은 황새 雚(관)과 하품 欠(흠)을 합하여 만들어진 字입니다. 雚은 눈썹이 풀처럼 나고 동그란 눈을 가진 새 隹(추)로 황새를 의미합니다. 황새의 우짖음은 가히 소란스럽지요. 歡은 황새의 소란스러운 모습과 하품하듯 벌린 입의 모양으로 열렬히 기뻐하는 모습을 표현합니다. 우리가 정말 기쁠 때는 나도 모르게 '와'하는 소리가 나듯이 말입니다.

맞을 迎(영)은 쉬엄쉬엄 갈 辶(착)과 나 卬(앙)을 합한 字입니다. 卬은 비수 匕(비)와 병부 卩(절)로 우러르는 감정을 나타냅니다. 칼 앞에 무릎을 꿇은 모습은 복종의 자세입니다. 여기에 辶은 변치 않고 이어지는 지속성을 나타냅니다.

수사적 의미의 단순한 표식으로 붙어 있는 무미건조한 답례 정도의 환영이라 치부하기에는 뜻하는 진정성이 보통은 넘지요. 이 정도의 진정성이 담보되는 환영이면 축하를 받는 쪽도 잊지 못할 일입니다. 하지만 진정성의 부족인지 아니면 환영이라는 글자만의 남발인지, 우리는 하루만 지나도 기뻐 맞이한 일을 쉽게 잊으며 살아갑니다. 오래 기억될 환영을 주고받고 싶은데 말입니다.

경청 傾聽

-기울 傾(경) 들을 聽(청)

입이 하나고 귀가 둘인 이유는 말하기보다 듣는 것을 중히 여기라는 조물주의 뜻이랍니다. 조물주가 귀를 눈 바로 옆에 각각 둔 이유도 곧바로 들은 바를 확인하라는 의미입니다. 사람이 흘려들으면 착각하기 쉬워서 새겨듣는 훈련이 필요한가 봅니다. 傾聽(경청)은 꼭 필요합니다.

기울 傾(경)은 人과 비수 匕(비), 머리 頁(혈)의 조합입니다. 먼저 匕와 頁이 결합한 頃(경)은 짧은 한때를 말합니다. 여기서 한때는 비수라는 칼 한 마디의 짧은 순간입니다. 거기에 人이 붙으면 소리 나는 쪽으로 살짝 머리가 갸우뚱하니 이 모습이 傾의 자세입니다.

들을 聽(청)은 귀 耳(이)와 임금 王(왕), 덕 悳(덕)이 합쳐진 字입니다. 덕이란 무엇일까요? 덕은 마음을 가볍게 하고 입을 무겁게 하며 귀를 두텁게 하고 눈을 밝게 하는 것입니다. 그러나 덕이 마음속에서 나와 입을 통해 바람을 탈 때는 반나절 양지쪽 햇볕에 불과할 뿐이라고 장자는 말합니다.

경청은 말을 새기는 것이 중요한 이유를 설명하는 글자입니다. 말은 우리의 삶에 오해를 만들기도 하지만 경청을 통해 풀어갈 수도 있으니까요.

화목 和睦

-화할 和(화) 화목할 睦(목)

생활에 자주 쓰고 있음에도 뭔 말인지 모르는 字가 和睦(화목)입니다.

화할 和(화)는 벼 禾(화)와 口로 된 字입니다. 和는 먹을 것을 입에 넣은 상태의 마음이라는 풀이가 일반적입니다.

화목할 睦(목)은 눈 目(목), 흙 土(토) 두 개, 八입니다. 八은 나눔을 나타내고 흙 안에서 나오는 소출을 나누는 것을 보는 눈입니다. 보이는 것과 보는 것은 아주 다릅니다.

『千字文(천자문)』에는 上和下睦(상화하목)이요 夫唱婦隨(부창부수)라 했습니다. 해석하면 윗사람은 和하고 아랫사람은 睦하라. 그리고 남편이 노래하면 부인이 따라 부르라는 의미입니다. 마무리하면 윗사람이 배를 불릴 일을 도모하고 아랫사람이 땅에서 나온 소출을 나눈 것을 보며 기쁘게 여기면 다툼이 발생하지 않는다는 의미입니다.

자고로 다툼의 근본은 먹거리의 나눔에 대한 불신입니다. 부부, 부모 자식,

직장 상사 등 사회의 근본은 분배의 합목적에서 벗어나면 화목할 수 없습니다. 화목해야겠습니다.

5

맹서 盟誓

- 맹세 盟(맹) 맹세할 誓(서)

우리말 표현으로는 맹세가 됩니다. 맹세는 어떤 뜻과 목적 앞에 맺은 약속입니다. 제 기억의 으뜸은 '국기에 대한 맹세'입니다.

맹세 盟(맹)은 해 日(일)과 달 月(월), 피 血(혈)이 필요합니다. 낮과 밤을 관장하는 해와 달 앞에서 변치 않겠다고 사람의 피로 맺은 약속이 盟의 本字(본자)인데 너무 선정적이었을까요. 이후 血과 모양은 비슷하나 뜻이 다른 그릇 皿(명)으로 바뀝니다. 그러나 저는 여전히 血을 따릅니다만 어쨌든 맹의 가치는 목숨을 건 약속이라는 것에는 변함이 없지요.

맹세할 誓(서)는 더 무시무시합니다. 말씀의 받침에 꺾을 折(절)입니다. 折은 손에 도끼를 든 형상입니다. 사람이 도끼를 들고 했던 약속이니 이것 역시 '어기면 피를 본다'는 암시를 담고 있습니다.

하지만 字의 뜻과 달리 현실에서는 헛된 맹세를 남발합니다. 난세의 충절은 박물관에 전시된 지 오래입니다. 지금은 쓰면 뱉고 달면 삼키는 단세포적 처세가 출세의 지름길로 인식되고 있습니다.

서맹이던 맹서이던 맹세이던 우리가 맺은 약속을 절절히 지켰다는 미담이
가득한 세상이 되면 좋겠습니다.

6

팔자 八字

- 여덟 八(팔) 글자 字(자)

팔자타령 팔자소관은 신분제가 지배하던 그 옛날 넘어설 수 없는 제도를 운명으로 받아들여야 하는 숙명이 존재했던 아픈 과거의 폐습입니다. 하지만 오늘날까지도 그 폐습의 지배는 계속됩니다. 손 두 개와 집 안에 든 아들 子(자)로 만든 八字(팔자)라는 낱말에 매여 사람들이 맹신하거나 한탄하는 경우를 종종 봅니다.

우리는 누구나 태어나면서 네 기둥 즉, 四柱(사주)를 갖습니다. 다만 '안다 모른다'가 존재할 뿐이지요. 음양오행을 가진 우리 조상들은 사주를 집에 비유하고 그 기둥을 네 때인 생년, 생월, 생일, 생시를 따져 세웠습니다. 사주에 나오는 여덟 글자는 음양의 기운을 머금은 天干(천간) '갑, 을, 병, 정, 무, 기, 경, 신, 임, 계' 그리고 地支(지지)인 '자, 축, 인, 묘, 진, 사, 오, 미, 신, 유, 술, 해'가 각각 조합 돼 六甲(육갑)의 조합을 만듭니다. 네 기둥 가운데 하나만 기울어도 집이 부실하지요. 음양은 부족하면 채우는 방법도 가르칩니다. 처방이 그것이고 비보가 그것이지요. 채우면 될 일을 숙명이니 운명이니 하면서 기를 꺾은 건 아닐까 하는 생각이 듭니다.

八은 엄지를 제외한 네 개의 손가락을 펴서 양손으로 집 모양을 만든 모습입니다. 八이 면 옛날에는 '나누다'라는 뜻도 있었으나 '양손에 든 칼'이라는 分(분)이 생겨나면서 八의 '나누다'는 의미가 퇴화됩니다. 하지만 지금도 '나누다'의 의미는 우리말 곳곳에 사용되고 있습니다.

글자 字(자)는 집 宀(면)과 子가 결합되어 양팔을 벌린 아이가 집 안에 있는 형상입니다. 여기서도 팔이 의미 속에 남아 있네요. 글이라는 게 글월 文(문)과 이름 名(명)으로 불리다가 字로 되는 것처럼 글은 계속 생산됨의 활동성을 갖는다는 속뜻을 가진 게 아닐까요.

사주팔자에 기인한 八字의 생성은 음양의 조화를 바탕으로 한 六甲에 따라 얻은 天干과 地支의 조합임에는 틀림이 없으나 이로써 운냉이 결정되고 이 팔자에 내 삶이 지배당하는 경직된 숙명의 명운은 어디에도 존재하지 않습니다.

재혼하면 '팔자를 고친다'는 속어를 썼습니다. 요즘 재혼이 흉이 아니듯 역동성을 가진 活字(활자)인 팔자에 갇혀 지배당할 이유가 전혀 없습니다. 팔아버리고 액운도 값없이 나눠버리는 겁니다. 八字는 알고 고치는 자의 편입니다.

7

사임 辭任

- 말씀 辭(사) 맡길 任(임)

辭任(사임)의 본뜻은 '말씀을 맡긴다'입니다. 그런데 어째서 그만둔다는 의미로 쓰이는 것인지 궁금합니다.

어지러울 亂(난)에서 새 乙(을)을 빼면 헝클어진 실타래를 푸는 형상의 어지러울 난이 남고 매울 辛(신)을 붙이면 그 字가 바로 말씀 辭(사)입니다. 辭의 기원부터 풀어보겠습니다. 먼 옛날에는 죄인의 이마에 낙인으로 辛을 찍었는데 낙인이 평생 족쇄가 되었다고 합니다. 이처럼 辭는 말이란 입에 쓰고 흔적이 남으니 항상 말을 조심해야 한다는 의미를 담고 있습니다.

또 맡길 任(임)은 人에 북방 壬(임)이 합하여 된 字인데 선비 士(사)가 머리에 짐을 지고 가는 형상입니다. 선비란 一로 十을 생각하는 공의로운 사람으로 오늘날의 지도자를 말합니다. 지도자의 품성이 바로 壬이고 사회적 책임으로 나타나는 바가 바로 任입니다.

따라서 辭任은 그 집단의 총체적 혼란과 어려움을 도맡아 책임지려는 지도자의 마지막 결단입니다. 참으로 거룩한 실천이라 하겠습니다. 그런데 날이 갈수록 이런 본보기는 글로써만 남고 그 뜻이 희미해 보이니 참 씁쓸합니다.

8

동창 同窓

- 같을 同(동) 창 窓(창)

연말에는 많은 모임이 있습니다. 보고 싶은 사람과 함께 한 해를 마무리하는 행복의 시간입니다. 모임 중 단연 으뜸은 동창회입니다. 같은 배움의 터전에서 수련했던 벗들의 모임이 동창회입니다.

같을 同(동)은 무릇 凡(범)과 口로 맺어진 字입니다. 사람은 입이 하나라는 공통점이 있으니 평범한 사람들이 입을 하나 들고 모인 모양새입니다.

창 窓(창)은 구멍 穴(혈)에 아궁이 囪(총)과 心이 원자입니다. 지금은 아궁이 囪(총)이 마늘 厶(모)로 바뀌어 窓으로 씁니다. 옛날에는 아궁이가 어두워 채광을 위해 구멍을 내었다고 합니다. 구멍에서 나온 빛은 지식과 지혜를 의미합니다. 따라서 지식과 지혜가 무지렁이의 눈을 뜨게 하고 미래를 위한 초석이 되었습니다.

동창은 입이 하나인 평범한 아이들이 지혜를 향해 마음 한쪽에 구멍을 내고 같은 공간에서 가르침을 받은 사람들을 의미합니다. 형제 못지않은 인연인 셈이지요. 사회 각계각층에서 맹활약 중인 동창들이 동창회만 오면 그 시절의 개구쟁이로 돌아가니 참 소중한 관계입니다.

특별 特別

- 특별할 特(특) 나눌 別(별)

특별할 特(특)은 다름을 의미하는 말입니다. 근본은 제사에서 비롯된 말입니다. 제물로 우람한 수소를 올렸나 봅니다. 그러니 소 牛(우)와 절 寺(사)가 합해진 字로 남아 있습니다. 소가 神(신)의 장소에 들 일이 뭐가 있겠습니까. 제물로 바쳐지기 위함이지요.

나눌 別(별)은 헤어질 另(영)과 칼 刂(도)가 만나 부위별로 해체함을 뜻합니다. 특별함의 어원은 결국 제사에 바쳐진 번제물인 소의 부위별 해체를 뜻하는 字였습니다.

성경에는 유월절에 먹는 빵과 포도주가 예수의 살과 피라고 나와 있습니다. 예수님은 사람의 죄를 없애기 위해 십자가를 지고 골고다 언덕을 올랐습니다. 이건 제 생각인데 스스로 신의 제물이 되고 제사 후에는 육신을 凡人(범인)들을 위해 내어놓는다면 정말 特別한 것 아닐까요.

10

기대 期待

– 기약할 期(기) 기다릴 待(대)

期待(기대)는 마음을 설레게 합니다. 기대란 누군가의 약속이 전제된 희망입니다. 그 기다림이 헛된 것이더라도 기다리는 동안은 행복합니다.

기약할 期(기)는 그 其(기)와 달 月(월)이 합해져 字를 이룹니다. 其가 뭘까요? 곡식을 선별하기 위해 만든 키를 八 위에 올려놓은 형상입니다. 늘 거기에 두고 곡식이 익어 풍요롭게 키질을 하던 때를 떠올리는 것이지요. 그리고 月은 한시도 그냥 있지 않지요. 늘 시계처럼 움직이고 또 그 형태가 차고 빠지길 반복하며 때를 나타냅니다. 하루 중 어느 때가 아닌 월 단위의 희망일 때 期가 쓰인 이유입니다.

이번엔 기다릴 待(대)입니다. 두 사람이 절 앞에 이르러 고개 숙여 비는 형상입니다. 절 寺(사)는 선비 士(사)와 마디 寸(촌)으로 이루어진 字인데 옛날엔 寺가 관청으로 불리었답니다. 관청은 一을 十으로 만드는 능력이 있는 士가 있는 곳으로 백성이 손을 모아 빌면 이루어지는 곳이었지요.

그렇습니다. 기대할 곳과 기대할 것은 사람이 사는 데 힘이 되는 약입니다.

종교의 본질이자 믿음의 근원이기도 합니다. 오늘도 기대하는 마음으로 출발하셨으면 좋겠습니다.

11

애도 哀悼

- 슬플 哀(애) 슬퍼할 悼(도)

사람의 죽음을 슬퍼함. 哀悼(애도)는 망자를 향한 字임이 틀림없습니다.

슬플 哀(애)는 口와 옷 衣(의)로 만든 字입니다. 다시 말해 옷을 입고 哭(곡)하는 의식을 말합니다.

슬퍼할 悼(도)는 心과 높을 卓(탁)입니다. 卓은 다시 점치는 卜(복)과 이를 早(조)로 쪼갤 수 있습니다. 早는 본디 날 日(일)과 동쪽을 의미하는 甲(갑)이 결합된 것인데 甲이 생략된 것으로 봅니다. 그러니 해가 뜨는 가장 이른 때를 뜻합니다. 그 위에 卜이 붙으니 동쪽이 보이는 산꼭대기의 높은 곳이라는 의미로 정착한 것 같습니다.

상복을 입고 곡을 하며 높은 곳을 바라보는 깊은 슬픔의 일들이 없어야 하는데 세상은 그렇지 않은 것 같습니다.

12

신뢰 信賴

- 믿을 信(신) 의뢰할 賴(뢰)

믿고 의지한다는 뜻의 信賴(신뢰)를 파자하면 사람으로서 맹세한 말을 믿고 돈 보따리를 푼다는 뜻입니다.

믿을 信(신)은 人과 말씀 言(언)을 합한 字입니다. 그리고 言은 매울 辛(신)과 口을 합하여 쓴 말을 입에 담는다는 뜻으로 정착한 字입니다. 그래서 信은 보통의 말이 아니라 목숨 걸고 입에 올리는 쓰디쓴 말이니 어찌 믿지 않겠습니까.

의뢰할 賴(뢰)는 어그러질 剌(랄)과 돈을 나타내는 조개 貝(패)가 결합한 字입니다. 剌은 묶을 束(속)을 날 선 칼로 자르니 어그러진다는 의미가 있습니다. 여기에 화폐인 貝가 붙어 결국 賴는 돈다발을 푼다는 의미입니다.

信賴는 믿음의 중요성을 다시 한 번 깨닫게 해주는 字입니다.

13

차이 差異

– 다를 差(차) 다를 異(이)

다르다는 것은 뭘까요? 관점의 差異(차이)입니다. 또한 생각의 차이일 수도 있겠습니다. 우리는 다름을 이야기할 때 差異를 대입해 선을 긋습니다.

다를 差(차)는 양 羊(양)과 장인 工(공)의 형태지만 『설문해자』에서는 수확한 곡식의 덩이인 드리울 垂(수)와 왼 左(좌)로 보는 견해가 지배적입니다. 여기서 중심은 左인데 左는 보조적으로 돕는 왼손과 工으로 남는 곡식을 뜻하게 됩니다.

다를 異(이)는 밭 田(전)과 받들 廾(공), 책상 丌(기)가 합해진 字라는 견해와 귀신 가면을 쓴 사람 형상을 의미하는 字라는 견해가 비등합니다.

결국 差異는 差異를 어떻게 볼 것인지 숙제를 남기는 字입니다. 견해에 따라 뜻이 달라집니다. 남은 곡식을 하늘이 준 은혜라 생각해 신성하게 여기며 제단 위에 두고 받을 것인가. 제단의 속죄양으로 보고 귀신처럼 경원하여 살풀이춤을 출 것인가. 차이를 어떻게 볼 것인지는 지혜로 풀어야 합니다.

차이를 통해 더 나은 지혜의 합목적성을 가질 때 다름은 하나의 同(동)이
되지 않을까요. 국민이 보이지 않는 대표 기관 국회를 보는 단상입니다.

간격 間隔

– 사이 間(간) 사이 뜰 隔(격)

사이 間(간)은 어두운 달밤에 창 사이로 비집고 들어오는 달빛을 말합니다. 들어오는 빛으로 쓴 字는 추운 동짓날 벌어진 사이로 들어오는 바람만큼이나 사람의 마음을 아프게 후벼 팠을 것입니다. 본래 달 月(월)이었던 것이 나중에 해 日(일)로 바뀌었습니다.

사이 뜰 隔(격)은 언덕 阜(부)에 솥 鬲(력)을 더한 字입니다. 鬲은 벽 壁(벽)으로도 쓰이는 탓에 튼튼히 가로막힌 사이를 나타냅니다. 언덕 아래 숨긴 솥은 利己心(이기심)이겠죠. 다른 사람에 대한 배려보다 자신의 밥그릇에 더 관심이 있는 관계는 틈이 깊습니다.

간격은 대상 사이의 거리이며 마음이 쓰이는 정도의 차이입니다. 간격은 옛날에 間通(간통)이라고 불렀습니다. 소통을 위한 거리라는 뜻으로 쓰였던 듯합니다.

간격은 시간적 사이일 수도 물리적 거리일 수도 있지만 분명한 것은 不通(불통)의 길이라는 겁니다. 혹시 주변에 이런 소원함이 없으세요. 이유 여하를 막론하고 풀어야 합니다. 이 해가 넘어가기 전에 말입니다.

자극 刺戟

- 찌를 刺(자) 창 戟(극)

응급 상황에서 환자의 생사를 확인하는 방법이 있습니다. 질문법, 응답이 없을 때 눈의 동공을 살피는 방법 등입니다. 그래도 반응이 미약하면 신체의 피부 조직에 고통을 주어 통각 반응을 확인합니다. 이처럼 刺戟(자극)은 작용이라는 행위이고 동반하는 결과가 반응으로 나타납니다.

刺戟은 매우 중요한 생사 확인 방법으로 통합니다. 그러나 평정심을 유지하는 일상에서의 자극은 도발 정도로 이해됩니다. 그래서 자극을 깊이 있게 들여다보았습니다.

찌를 刺(자)는 가시 朿(자)와 칼 刂(도)를 합한 字입니다. 朿의 형상은 나무 木(목)에 난 가지를 말합니다. 朿가 刂와 결합해 끝이 날카로운 刺가 되었습니다.

창 戟(극)은 창 戈(과)와 창 矛(모)가 일체형인 고대의 병기입니다. 戈는 기다란 창끝에 낫이 달린 모양으로 적의 다리를 절단하는 용도를 쓰인 무기이고 矛는 끝이 뾰족하여 적을 찌르는 데 쓰인 무기입니다. 戟은 이 둘이 결합된 무기이니 섬뜩합니다.

　자극은 위에서 언급한 대로 외부에서 반응을 유발하려는 목적이 담겨 있습니다. 내적 수련이 단단한 사람은 외부의 자극에 쉽게 움직이지 않습니다. 자극의 목적한 바를 알고 있기 때문입니다. 자극적 언행이 난무하는 세상. 오늘의 생각입니다.

16

모독 冒瀆

- 무릅쓸 冒(모) 더럽힐 瀆(독)

　신성한 대상에 대한 불경한 언행을 일반적으로 冒瀆(모독)이라 부릅니다. 그 대상이 다분히 신분적 지위에서 기인한다는 의미에서 모욕과 구별되지요. 오늘날 대부분의 나라에서 모독죄는 없어졌지만 군주제 국가에서는 존재하는 형벌입니다.

　무릅쓸 冒(모)는 두건 같은 쓸개 冃(모)와 눈 目(목)을 합하여 만든 字입니다. 다시 말해서 쓸개가 눈을 가려 뵈는 게 없는 것이죠.

　거기다 더럽힐 瀆(독)은 水에 팔 賣(매)로 물을 팔고 남은 찌꺼기이니 얼마나 더럽겠습니까. 우리가 뇌물을 먹은 공직자에게 瀆職(독직) 죄를 묻는 것은 바로 이런 이유입니다. 한편으로 瀆을 팔아야 할 물건에 물을 끼었었다고 해석하는 경우도 있습니다.

　어쨌든 넘지 말아야 할 금도의 선을 넘는 것을 모독이라고 보았습니다. 모멸의 인간적 시선의 모욕과는 차원이 다른 것이 모독이라고 이해합니다.

희망 希望

– 바랄 希(희) 바랄 望(망)

옛날에 누명을 쓴 두 사람이 옥살이를 하게 되었습니다. 한 사람은 세상을 탓하며 바닥만 보았고 한 사람은 하늘을 보며 낮엔 해와 이야기하고 밤엔 별과 친구를 했답니다. 세상이 변하여 釋放(석방)이 되었는데 땅만 보던 이는 말을 잃어 세상에 적응하지 못했고 하늘을 보고 산 이는 철학가가 되어 세상을 이끌었답니다.

希望(희망)이 그렇습니다. 바랄 希(희)의 사귈 爻(효)는 배울 學(학)의 핵심도 되고 가르칠 敎(교)의 뼈대가 됩니다. 爻를 수건 布(포)에 새겨 마음을 수양하는 것이 希입니다.

바랄 望(망)은 망할 亡(망)과 달 月(월), 천간 壬(임)자가 결합된 字입니다. 壬은 우뚝 선다는 의미도 있습니다. 따라서 사람이 月을 보며 우뚝 서서 바람을 안고 기도하는 모습입니다.

희망은 오매불망 바라서 누군가 물어보면 바로 튀어나오는 소원을 말합니다. 그래서 별똥이 떨어질 때 비는 소원은 하늘도 들어준다는 말이 생겨난 겁니다. 그게 希望이지요.

착각 錯覺

– 어긋날 錯(착) 깨달을 覺(각)

錯覺(착각)은 조직의 장이 가진 대표적인 고집입니다. 본인의 뜻을 굽히지 않고 일관되게 고집합니다. 잘한다 싶지만 그건 착각입니다. 모두가 잘한다 해도 집단 착각일 수 있는 착각이 오늘의 파자 주제입니다.

어긋날 錯(착)은 쇠 金(금)에 오래될 昔(석)이 만든 字입니다. 昔은 섞을 작으로도 쓰입니다. 昔은 본 옛날 태양 日(일)이 물결 위에 표류히는 것을 형상화한 字라 했습니다. 그랬던 것이 고기를 저며 쌓아 햇빛에 말린 것으로 정착되어 오늘의 '옛'이라는 의미가 되었습니다.

중요한 것은 물결 위에 떠내려갈 일이 없는 태양을 떠내려간다고 여기게 된 연유가 중요합니다. 일상의 경험을 '저민 고기의 경험치'라 할 때 그 경험이 착각의 우를 범한 상황입니다. 인식의 오류는 개인을 떠나 집단도 일으킬 수 있는데 이게 집단 착각입니다. 이때 錯은 태양이 물결에 떠내려간다는 쇠 같은 믿음이 바로 착각의 錯입니다.

깨달을 覺(각)은 배울 學(학)과 볼 見(견)의 合字(합자)입니다. 배운 것으로 사물을 보는 눈입니다. 知覺(지각), 味覺(미각) 등이 그런 것이 되겠지요.

궁핍 窮乏

- 다할 窮(궁) 모자랄 乏(핍)

세상일이 모두 돈으로 해결이 되는 것은 아니지만 돈이 없으면 사람이 궁색해져 불편한 일이 많습니다. 예전부터 窮乏(궁핍)을 면하는 일을 제일 중하게 여겼고 오늘날도 생계와 관련한 사회 문제가 으뜸입니다.

다할 窮(궁)은 구멍 穴(혈)과 몸 身(신), 활 弓(궁)을 합하여 만든 字입니다. 여기서 몸 躬(궁)이란 활처럼 배가 나왔다고 하여 아이를 가진 몸을 말합니다. 아이를 가져 불룩해야 할 배가 얼마나 못 먹었는지 몸이 구멍에 들어갈 정도면 어떤 상태였겠습니까? 極(극)에 달한 몸 상태가 窮인 겁니다.

모자랄 乏(핍)은 바를 正(정)의 반대 字입니다. 乏은 바른 것의 반대 모양으로 不正(부정)에서 생기는 不足(부족)을 나타냅니다. 따라서 窮乏은 비쩍 말라 모자란 상태란 뜻입니다.

우리나라도 과거에 보릿고개라는 궁핍의 시기가 있었고 아직 지구상에는 많은 사람이 굶주림으로 고통 받고 있다고 합니다. 부족함이 없는 나라가 되도록 만들고 노력한 어른들께 감사하며 늘 주변의 窮乏을 살피며 살아야 하겠습니다.

겸손 謙遜

-겸손할 謙(겸) 겸손할 遜(손)

謙遜(겸손)은 자신을 낮추고 남을 높이어 우러르는 자세입니다. 오늘날 처세에 있어 자신을 낮추는 행위가 타인에게 허를 보이는 비굴함으로 인식되는 가운데서도 군자에게 필요한 덕목으로 꼽힙니다.

겸손할 謙(겸)은 말씀 言(언)에 겸할 兼(겸)이 합자된 字입니다. 兼은 벼 禾(화) 두 개에 손 又(우)가 결합해서 겹치다 겸한다는 뜻을 나타냅니다. 다시 말해 고운 말로 겹치게 벼를 손에 넣는다는 의미를 갖습니다.

겸손할 遜(손)은 쉬엄쉬엄 갈 辵(착)과 자식 孫(손)을 합한 字입니다. 孫은 실마리 系(계)와 아들 子(자)가 만든 字입니다. 결국 孫은 아들의 실마리가 손자라는 이야기인데 어떻게 순하다는 뉘앙스로 연계 되었을까요. 손자가 아장아장 걸을 때는 순하고 순해 뭘 가르쳐도 잘 따르기에 그렇게 자리잡았나봅니다.

겸손하면 손해 본다는 생각은 被害意識(피해 의식)입니다. 진정한 승자는 스스로를 낮추어도 더 돋보이는 법이니까요.

만족 滿足

- 찰滿(만) 발足(족)

사람은 만물의 영장이지만 부족함이 많습니다. 다른 동물처럼 털이 없어 옷을 지어 입습니다. 둥지도 늘 불안하게 여겨 철통같은 경계를 칩니다. 또 먹을 양식도 하루 한 끼가 아닌 평생 먹을 만치를 모으고도 배고파하는 불완전한 생명체입니다.

오늘의 파자는 滿足(만족)입니다. 滿足은 不足(부족)의 상대어입니다. '부족함을 채워 충족에 이르다'가 만족입니다.

찰 滿(만)은 水에 평평할 㒼(만)을 합자한 字입니다. 㒼자는 물이 가득 찬 두 개의 항아리를 끈으로 묶어 놓은 모습을 그린 것입니다. 항아리에 물을 채워 빈 곳이 없도록 한 것이 채움을 뜻하는 滿이 된 겁니다.

발 足(족)은 발을 뜻하는 상형문자이지만 또 다른 의미로 현상의 본질, 근원이라는 뜻도 있습니다. 근원은 늘 살펴야 하는 세심함이 필요한데 안 보면 조금씩 빠져 채워야 합니다.

채울 수 없는 不足을 滿足으로 채우는 방법이 있습니다. 선인들은 道(도)에서 길을 찾았습니다. 물질적 풍요에서 찾을 수 없는 만족을 옛 사람들은 철학에서 찾으려 했습니다. 만족은 채울 수 없는 탐욕이고 탐욕에 사로잡히면 행복할 수가 없다는 것을 깨달은 것이죠. 우리는 過猶不及(과유불급)을 깨달을 때 비로소 만족의 실체가 보입니다.

상응 相應

- 서로 相(상) 응할 應(응)

오늘은 相應(상응)의 이야기를 풀어볼까 합니다.

서로 相(상)이 무엇이냐. 상은 나무 木(목)과 눈 目(목)으로 된 字입니다. 제대로 보려면 높이 올라가야 하고 주변의 높은 곳은 나무 위라는 것이지요. 相의 으뜸이란 뜻은 모양입니다. 눈에 보여서 실체가 있는 형상입니다.

응할 應(응)은 心과 매 鷹(응)이 결합한 字입니다. 鷹은 집 广(엄)에 人, 새 隹(추)가 결합되어 집 안에서 사람 손에 길들여진 새라는 뜻입니다. 매에 줄을 묶어 동물을 사냥하던 풍습이 글자에 남아 있는 것입니다. 어쨌든 '입안의 혀처럼 움직여주다'라는 의미의 字가 應입니다.

석가는 『금강경』에서 세상의 보편의 것은 모두 相을 가지고 있는데 이 모든 것이 虛忘(허망)하다고 말합니다. 虛妄(허망)과 虛忘이 있습니다. 虛妄은 거짓되고 망령된 것이고 虛忘는 비우고 잊어야 함을 말합니다. 여기서 相은 영원하지 않습니다. 거짓처럼 망령된 것은 아닐지라도 늘 같은 형태의 모습은 아니지요.

相應은 '거기에 합당한 대우'라고 말하기도 하고 불가에서는 '평등하게 화합하는 마음'이라고 가르칩니다. 나이가 들면서 깨닫게 되는 것이 있습니다. 우리가 우리 눈에 속는다는 것입니다. 오늘은 늘 보이는 것과 만나는 것에 대해 대응하는 관계를 돌아보자는 의미에서 相應을 살폈습니다.

철수 撤收

- 거둘 撤(철) 들일 收(수)

군대는 특수 목적으로 훈련된 병사의 집단입니다. 군대는 민간과 같이 섞여 있어도 민간과 구별되는 禮(예)와 令(령)이 통해야 하는 특수한 집단입니다. 민간에서는 폭력과 살상이 금지되지만 군은 자위를 위해 살상을 훈련하는 조직입니다. 그래서 고도의 훈련과 명예로 무장합니다. 군대가 營地(영지)를 떠날 때 쓰던 용어가 민간에 일반화된 것이 撤收(철수)입니다.

거둘 撤(철)은 손 手(수)와 기를 育(육), 칠 攴(복)을 합한 字입니다. 撤은 북을 쳐가며 진군시킨 병사를 그 싸움에서 손을 떼게 한다는 뜻입니다.

들일 收(수)는 얽힐 丩(구)와 攴이 결합한 字로 영지의 짐을 북소리에 맞춰 신속하게 싸는 것을 말합니다.

2018년 말, 미국 국방부 장관의 사퇴가 있었습니다. 시리아에서 미군이 撤收를 하게 된 것이 발단이라는 얘기가 들립니다. 트럼프 대통령의 의지가 작용한 것이라는데요. 안보에 대한 견해가 달라도 통수권자의 명이라 신속하게 진행되지만 우방은 망연자실한 상황에 놓였답니다.

撤에 있는 育을 잘 생각해봐야 하는 대목입니다. 撤收는 트럼프 대통령이
안보와 경제를 같은 잣대로 보면서 우리 입장도 시리아와 무관치 않아 살펴
본 단어입니다.

사과 謝過

- 사례할 謝(사) 지날 過(과)

謝過(사과)는 잘못에 대한 책임을 통감하고 용서를 구해 관계를 회복하고자 하는 절차입니다.

종종 사회 지도층의 언행 실수가 언론이라는 도마 위에 오릅니다. 감정을 다스리지 못해 터진 해프닝인데 해명과 사과를 하다가 오히려 사태를 악화시키는 경우가 있습니다. 我田引水(아전인수) 같은 구차한 상황 설명과 결정적으로 진정성이 부족한 사과가 오히려 판을 키우는 양상입니다.

사례할 謝(사)는 말씀 言(언), 쏠 射(사)로 된 字입니다. 射는 몸 身(신)과 마디 寸(촌)으로 형성되어 온 힘을 기울여 활을 쏜다는 의미입니다. 온 힘을 다해 사냥감을 쫓듯이 전력을 쏟아 토해내는 말이 곧 謝입니다.

지날 過(과)는 쉬엄쉬엄 갈 辶(착)을 부수로 하여 입 비뚤어질 咼(괘)로 만든 字입니다. 정상적이지 못한 언행인 咼는 뼈 발라낼 冎(과)와 口의 合字로 입에서 뼈를 발라낸 실언입니다.

사과라는 말에서 謝는 말로서의 결단성, 過는 잘못된 실언이라는 인정과 진솔함이 바탕이 된 관계 회복의 단어입니다.

마음의 변화가 빠진, 진정성이 결여된 사과는 관계를 회복하기보다 또 다른 詭辯(궤변)만 되는 꼴입니다. 인과응보라 했으니 궤변은 반드시 본인에게 부메랑이 된다는 것을 알아야 합니다. 謝過에서 感謝(감사)를 얻어내야만 비로소 말의 빚도 청산되는 것입니다.

의미 意味

- 뜻 意(의) 맛 味(미)

말이 나오기까지의 과정을 볼까요. 혀와 날숨으로 소리가 나지만 치아와 입술로 이중 관리하는 엄격한 체계입니다. 이유는 잘못된 말이 재앙 禍(화)의 근원이 될 경우가 다반사기 때문입니다.

말은 의미가 중요합니다. 소리로 나온다고 다 말이 아니고 쓸 말만 해야 합니다. 그것이 바로 意味(의미) 있는 말입니다.

뜻 意(의)는 소리 音(음)과 心으로 만든 字입니다. 그 뜻을 풀어보면 마음이 깃든 소리가 바로 意입니다.

맛 味(미)는 口와 아닐 未(미)가 합해져 된 字입니다. 未는 나무 끝의 가느다란 작은 가지 모양을 본 뜬 글자이니, 곧 입의 끝인 혀에서 느끼는 것, 즉 맛입니다.

意味의 참뜻은 '마음의 소리인 말을 혀끝에서 느끼는 맛'입니다. 말은 마음을 담아야 한다는 것이며 그 마음을 담은 혀끝에서 느껴지는 맛이 意味인 것은 아닐까요.

  말의 맛은 어떻게 되어야 할까요? 상처를 주는 독한 맛도 있고, 사람을 살리는 맛도 있습니다. 그런 까닭에 말의 맛은 사람을 돕는 단맛이면 좋겠습니다.

우연 偶然

― 짝 偶(우) 그럴 然(연)

偶然(우연)의 반대를 必然(필연)이라 부릅니다. 사람이 죽는 것은 필연이며 그게 사고나 질병으로 인한 갑작스러움에서 비롯되면 偶然이라 합니다.

지금의 配偶者(배우자)를 만난 것은 偶然이지만 만나서 짝을 짓는 행위는 필연입니다. 자식을 갖는 것은 숙명이며 필연이지만 지금의 자식을 만난 것은 우연이지요. 그래서 偶然은 必然과 상대어가 아니라 필연성이 결여된 '같은 가지의 운명'입니다. 예기치 않으나 반드시 올 수밖에 없는 상황이 偶然입니다. 다시 말해 必然에서 時間(시간)을 빼고 얻게 되는 상황에서 自意(자의)를 뺀 것이라는 거지요.

不可知的(불가지적)이라서 자칫 운명 예정설에 빠지면 삶이 유약해질 수 있으나 인간의 삶에서 일어나는 보편의 상황은 늘 짝으로서 파트너로서 혹은 相對(상대)로서 다가왔다 떠납니다. 必然처럼 왔다가 偶然처럼 떠나갑니다. 그래서 짝 偶(우)를 만날 遇(우)로 쓰지 않고 偶를 씁니다. 철학의 기본 바탕이 내재된 字이지요. 偶는 먼저 人을 씁니다. 사람의 오감체계를 다룬다는 의미겠지요. 거기에 나머지 긴꼬리원숭이 禺(우)는 상형자입니다.

禺谷(우곡)이라 해서 전설에 따르면 해가 떨어져 삼사는 골짜기가 있습니다. 거기서 사는 神(신)인 禺彊(우강)은 사람 얼굴에 새의 몸으로 두 마리 푸른 뱀을 귀에 걸고, 두 마리 푸른 뱀은 발로 밟고 있는 형상을 하고 있습니다. 후에는 偶像(우상)이라는 字의 원천이 됩니다. 따라서 偶란 인간의 입장에서 神이 만든 예정 같은 상황이라고 해석할 수 있는 字입니다.

다음은 그럴 然(연)입니다. 먼 옛날 개를 식용으로 썼을 때의 이야기 같습니다. '낫 놓고 기역'이라 함은 당연한 이치라고 하듯이 개 犬(견)의 고기 月(육) 즉, 개고기는 불 火(화)에 그을려서 잡는 것이 당연한 것 같은 보편의 방법이라는 字입니다.

自然(자연)이 스스로 움직이듯이 神에 의해 놓여진 사람은 人間으로서 偶發(우발)적으로 일을 냅니다. 그렇게 가는 본성이 偶然이며 간혹 의지가 약해 세상에 무엇인가를 偶像으로 숭배하며 살아가는 존재라는 것이지요. 그것이 偶然입니다. 지금 이 글을 읽게 되는 상황도 偶然인 게지요.

火編(화편)

입춘 立春

- 설 立(입) 봄 春(춘)

立春(입춘)은 24절기의 첫 번째 절기로 계절의 시작을 선언하고 겨울의 종료를 알리는 때입니다. 홍매화가 꽃망울을 터트리고 달래, 냉이 맛이 실해집니다. 겨울의 긴 암흑을 지나 새로운 빛을 만나 자연을 꾸미는 시작의 알림입니다.

설 立(입)의 파자에는 큰 大(대)와 一이 숨어 있습니다. 대지를 딛고 사람이 두 팔을 벌리는 형상입니다. 선다는 것은 도전입니다. 직립은 영장으로서 사람의 권능을 나타냅니다. 無信不立(무신불립)이라는 말이 있습니다. 희망과 긍정의 믿음이 없으면 바로 서지 못합니다. 이 절기는 자연이 설 수 있다는 믿음을 부여한 절기입니다.

壁危花笑立春好鳥啼來(벽위화소립춘호조제래). 위험한 벼랑일지라도 꽃은 피어 있고 좋아하는 봄이라도 새가 울 때 온다는 절기입니다. 불측의 자연이지만 그 계절의 시작을 믿고 축하하며 받아들여야 합니다.

봄 春(춘)의 옛 글자는 旾(춘)이고, 갑골문을 보면 풀 艸(초)와 日, 싹틀 屯

(둔)이 힘께 그려져 있습니다. 파자하면 날 日(일)의 정기를 받아 풀 艸(초)가 새순을 내어 싹날 屮(철)이 돋아 풀 卉(훼)가 되는 봄 春(춘)이 온 겁니다. 만물이 햇빛을 받아 싹을 일제히 돋아내는 생장의 절기가 입춘입니다.

2
강독 講讀
- 외울 講(강) 읽을 讀(독)

우물가는 우리 정서에 있어 유럽의 광장과 같습니다. 사람이 모이고 소식을 나누고 여론을 형성합니다. 우물의 형태로 만든 한자가 있어 소개합니다. 우물은 물을 모으는 곳이라 사람도 모입니다. 사람이 모이니 말이 만들어지는 곳이기도 합니다.

우물은 구조적으로 지표면에 구멍을 깊게 파고 항구적으로 벽돌을 쌓아 올려 무너짐을 방지합니다. 우물 井(정)은 힘을 변에 분산시켜 무너짐을 막는 물리적 힘을 갖춘 축조법입니다.

외울 講(강)은 말씀 言(언)과 짤 冓(구)를 합한 字입니다. 흙벽돌을 거듭 쌓으면 두 再(재)가 되고 이를 우물처럼 쌓아 올린 것이 冓입니다. 冓에 나무 木(목)이 붙으면 얽을 構(구)가 되고 言이 붙으면 講이 됩니다. 재료의 차이지만 본질적으로 쌓아서 튼튼하게 만드는 것은 같은 이치입니다.

읽을 讀(독)은 言에 팔 賣(매)가 결합한 자입니다. 賣는 살 買(매)가 모태입니다. 조개를 그물에 싼 형태의 의미가 買이고 이때 그물 罒(망)이 포인트입니다. 돈이 되는 것으로 바꾼 것이 買이고 나갈 出(출)이 붙어 賣가 되었습니다. 산 것을 다시 내놓으니 賣가 된 것이죠. 지금은 出이 선비 士(사)로 변했습니다. 讀은 賣에 言이 붙어 물건을 팔 때 소리를 내서 손님을 부르고 상품에 대한 설명을 곁들이는 것을 말합니다. 그래서 讀은 읽는다와 이해한다는 의미가 동시에 들어 있습니다.

講讀(강독)은 주입식 수업이 아닌 각자의 의견을 말하면서 연약한 논리를 적층하고 강화하는 토론식 학습법입니다.

우물 이야기를 마무리하겠습니다. 우리의 우물가는 講讀의 전형입니다. 어떤 주제라도 함께 쌓으면 지혜가 되고 토론하면 카타르시스가 되듯 자유 토론의 장소가 우리의 우물가입니다.

3

저장 貯藏

- 쌓을 貯(저) 감출 藏(장)

진정한 부자는 자신의 재력을 자랑하지 않습니다. 자랑은 위험을 동반하고 결국 화를 낳기 때문입니다. 그래서 貯藏(저장)이라는 글자에 그 속성을 담았는지도 모릅니다.

쌓을 貯(저)는 조개 貝(패)에 뜰 宁(저)를 합한 字입니다. 재물은 아무 곳에나 쌓아두는 게 아니라 뜰 안 깊숙한 곳에 은밀하게 안치한다는 의미입니다.

감출 藏(장)을 파자하면 착할 臧(장)에 풀 艹(초)를 얹은 자인데 이때 臧은 노예라는 뜻도 있습니다. 臧은 신하 臣(신)과 창 戈(과), 장수장변 爿으로 만든 字입니다. 따라서 전쟁에서 승리한 나라가 패한 나라의 신하 몸에 표시하여 노예의 징표로 삼았다는 뜻입니다. 노예의 징표를 가리기 위해 머리에 艹를 얹은 것이 藏이 된 것이지요.

貯藏이 감춤이라는 속성을 갖게 된 이유를 살펴보면 뜻풀이가 의미심장한 字입니다.

4

고무 鼓舞

- 두드릴 鼓(고) 춤출 舞(무)

칭찬은 고래도 춤추게 한다는 말이 있지요. 칭찬의 긍정적 시그널이 거대한 고래가 흥에 겨워 몸을 들썩이게 한다는 건데요. 그 힘의 배경은 '인정'이라는 에너지에 있다는 말입니다. 긍정의 힘은 물리적으로 설명할 수 없는 마력이 있습니다. 虛藥(허약)으로 치료하는 플라시보 처방도 같은 이치로 볼 수 있습니다.

사회 전반의 분위기가 무거워지면 범죄율과 불쾌지수도 상승합니다. 먼 옛날 전쟁에 나선 군인들은 집단의 특성으로 인해 감정 변화와 병력 사기의 기복이 심했다는군요. 그래서 병법에 鼓舞(고무)라는 술수가 승패를 좌우한다고도 했습니다.

두드릴 鼓(고)는 악기 이름 壴(주)와 가지 支(지)가 결합된 字입니다. 壴는 十과 콩 豆(두)로 구성됩니다. 일반적으로 豆를 콩이라 여기지만 원래는 콩을 담는 됫박이고 됫박 이전에는 祭器(제기) 중에 국이나 밥을 담는 나무 그릇이었습니다. 나무 그릇을 나열해 가지로 두드리는 형상을 鼓라고 말합니다.

춤출 舞(무)는 깃 羽(우)와 없을 亡(무)의 결합입니다. 다른 의견으로 舞는 人과 흙 土(토) 3개, 어그러질 舛(천)으로 파자된다는 의견도 있습니다. 두 의견 모두 같은 뜻인데 춤은 날개나 흙이 문드러질 정도로 흔들어댄다 깃입니다.

무거운 사회 분위기를 뒤집을 鼓舞策(고무책)이 필요하다는 말이 있습니다. 기죽지 말고 즐거운 기분으로 살아가야겠습니다.

5

여가 餘暇

– 남을 餘(여) 틈暇(가)

남을 餘(여)란 정량보다 많은 양인 덤입니다. 먹고 남은 殘(잔)이 아닙니다. 餘는 즐거움이 배가 될 수 있는 잉여라는 뜻입니다. 餘를 파자하면 먹을 食(식)과 남을 余(여)의 결합입니다. 余는 집 舍(사)와 八이며 외기둥 집에서 나오는 소리가 퍼져나가 여운이 남는다는 뜻입니다.

틈 暇(가)는 더 재미있습니다. 날 日(일)에 빌릴 叚(가)의 결합인데 날을 빌린다는 뜻을 품고 있습니다. 叚를 파자하면 돌 石(석)과 손 又(우) 두 개의 결합입니다. 해를 보기 위해 양손으로 옮기는 돌은 결국 틈을 만드는 것이겠지요.

餘暇(여가)는 겨를입니다. 파자에는 곳곳에 시간적 틈이자 마음의 여유라는 흔적이 남아있습니다.

하루 24시간 해가 뜨고 지는 것을 반복하는 시간의 흐름에 한 조각의 겨를이 필요합니다. 잠시 멈추고 하늘을 보세요. 그게 여가입니다.

6

장소 場所

– 마당 場(장) 바 所(소)

場所(장소)는 공간적 개념이며 지리적 의미입니다. 시장의 어원에도 들어 있고 옛날 특수 촌락을 의미하는 鄕所部曲(향소부곡)에도 들어있습니다. 오늘은 場所의 의미와 파자 속에 들어 있는 재미난 이야기를 살펴보겠습니다.

마당 場(장)은 흙 土(토)와 볕 昜(양)이 결합해 종일 햇빛이 드는 넓은 공간을 뜻합니다. 昜은 아침 旦(단)과 말 勿(물)의 결합으로 아침에 뜬 태양의 아지랑이를 뜻합니다. 그래서 昜이 들어간 한자는 밝고 따뜻하고 힘찹니다.

場은 햇볕이 잘 들고 흙으로 다진 곳이니 물건을 사고파는 시장으로 제격이었습니다. 또 나락을 말리거나 마을 사람들이 모이는 대동의 장소였습니다.

바 所(소)를 파자하면 지게 戶(호)와 도끼 斤(근)이 결합된 字입니다. 조선 초에 없어진 특수 촌락인 향소부곡의 소는 기술적 기반을 가진 집단의 집단 주거지였답니다. 그래서 지게와 도끼가 그 상징으로 지금도 공작소, 인쇄소 등에는 그 의미가 살아 있습니다.

場所는 일반적으로 시장의 근원이 되는 字였지만 지금은 통상적인 지리적 공간의 대명사로 쓰입니다. 본뜻이 좋았기에 의미가 확대된 것이 아니었을까요.

7

갈등 葛藤

– 칡 葛(갈) 등나무 藤(등)

龍虎相搏(용호상박)이라 했습니다. 청룡과 백호가 서로 견제하며 균형을 맞추어야 하는데 서로 엉키어버린 것을 우리는 葛藤(갈등)이라 합니다.

칡 葛(갈)은 풀 ++(초)를 보아 풀입니다. 어찌 曷(갈)은 원래 말씀 曰(왈)에 빌 匃(갈)이 결합해 속이 빈 것을 감싸 안고 입으로 구걸하는 형상입니다. 曷에 水가 붙으면 물을 구걸한다는 의미의 목마를 渴(갈)이 되고 벌레 虫(훼)가 붙으면 전갈 蝎(갈)이 되는데, 曷에 ++가 붙어 바닥으로 기는 칡이 되었습니다.

등나무 藤(등)은 풀 ++(초)와 물 솟을 滕(등)의 결합입니다. 나 朕(짐)은 나를 일컫는 1인칭 대명사이지만 원래는 달이 회심의 미소를 머금는다는 뜻입니다. 즉 조짐의 뜻이었습니다. 그 조짐이 물을 만났으니 용솟음이 일어난 것이죠. 그런 성질의 식물이니 위로만 칭칭 감는 식물이 됩니다.

葛藤은 밑으로 기고 위로 치솟는 서로 다른 성질의 식물이 만나 끝없이 얽히고 꼬인 형상입니다. 갈등은 푸는 것보다는 잘라내고 말려서 태워야 합니

다. 얽히고설켜 떨어지지 말자던 이방원의「하여가」도 있지만 어찌 보면 목
적을 잃지 않는 정몽주의「단심가」가 필요한지도 모릅니다.

연구研究

8

- 갈 研(연) 궁리할 究(구)

德厚(덕후)라는 말이 유행한 적이 있습니다. 뭔가에 빠져 집구석에 박혀 바깥에 나오지 않는 '오타쿠'라는 일본어의 한자 표현입니다. 研究(연구)는 어쩌면 덕후의 자세가 아닐까 합니다.

갈 研(연)은 파자하면 돌 石(석)에 평평할 开(견)이 합해진 字입니다. 开은 길이가 같게 맞춘다는 의미입니다. 따라서 研은 돌을 갈아 평형을 맞추는 행위를 말합니다.

궁리할 究(구)는 구멍 穴(혈)을 九와 엮어 구멍을 끊임없이 파서 끝장을 본다는 뜻이지요.

결국 연구를 위해서는 덕후와 같은 몰입이 필요합니다. 얼마나 몰입하느냐 하면 돌을 갈아 수평을 맞추고 구멍을 파서 답을 얻을 때까지 임하는 자세가 연구입니다.

9

가식 假飾

- 거짓 假(가) 꾸밀 飾(식)

　사람의 마음을 증명하기란 어려운 일입니다. 오죽하면 열 길 물속은 알아도 한 길 사람 속은 모른다는 말이 생겼을까요. 관계 속에서 본의 아니게 假飾(가식)으로 보이는 경우도 있습니다.

　거짓 假(가)는 파자하면 人에 빌릴 叚(가)가 결합된 字입니다. 叚는 돌 石(석)과 손 又(우) 두 개가 모여진 字로 임시로 사용하는 도구라는 의미였다가 빌린다는 뜻으로 정착되었답니다. 叚에 人이 붙으니 임시로 쓰는 얼굴이며 이것이 가면이니 거짓이라는 뜻이 된 겁니다.

　꾸밀 飾(식)은 밥 食(식)에 베 布(포)를 합한 字입니다. 밥은 수건으로 덮어 깨끗하게 장식해 두어야 맛깔스럽다는 뜻입니다.

　가식은 마음에 진정성 없이 임시방편으로 장식한 것이니 정성이 모자라고 형편없다고 해야겠지요. 최근 관계 속에 거짓을 감추고 서로 덮어주고 비호해 본말이 뒤집히는 형태를 자주 봅니다. 그게 만인을 속일 수 있을지 모르지만 결국 자신을 속이지는 못합니다. 가식은 언젠가 부메랑이 되어 돌아와 사회를 파괴하는 씨앗이 될 겁니다.

약속 約束

- 맺을 約(약) 묶을 束(속)

청춘 남녀가 사랑을 나누며 첫눈이 오면 만나자고 約束(약속)을 합니다.

맺을 約(약)은 파자하면 실 糸(사)에 구기 勺(작)이 결합된 字입니다. 勺은 원래 도량형으로 표준 측정의 기준입니다. 約은 勺에 실 糸(사)가 붙어 작을 幺(요)와 작을 小(소)의 양까지 맞추어 달아내니 편차가 아주 적다는 의미입니다.

묶을 束(속)은 나무의 단을 묶어 흐트러지지 않게 한 것을 형상화한 字입니다.

約束은 한 치의 오차도 없이 서로 신뢰할 수 있는 도량형에서 출발하였습니다. 이후 약속은 이루어질 일에 대한 다짐과 이행을 의미하게 됩니다.

분개 憤慨

– 분할 憤(분) 슬퍼할 慨(개)

    돈은 연애와 같아서 다가설수록 멀어집니다. 오히려 초연해야 잘 모이는 것이 돈입니다. 憤慨(분개)는 돈이 쉽게 모이지 않아서 들판의 융숭한 풀숲을 보고 성냄을 나타냅니다.

    분할 憤(분)은 心에 클 賁(분)이 합쳐져 성냄을 나타냅니다. 賁은 조개 貝(패)와 풀 卉(훼)로 구성됩니다. 풀 卉(훼)는 돋아나는 새싹입니다. 돈이 풀처럼 힘차게 돋아나지 않아서 성내는 마음이 憤이랍니다.

    슬퍼할 慨(개)는 心에 고소할 皀(급), 목멜 旡(기)로 만든 字입니다. 皀은 告訴(고소)하고자 하는 마음이고 旡는 음식을 목으로 넘기는 상태를 뜻합니다. 결국 慨는 누군가를 訴追(소추)하여 목에서 넘기기 힘들어하는 마음, 곧 슬픔을 의미합니다.

    분개는 화가 머리끝까지 솟아 분함에 눈물을 참는 것을 나타내는 말입니다. 사의에 분개하기보다 공익을 위해 분연히 떨쳐 목소리를 내는 것이 선비 정신이라고 했지요.

이익 利益

– 이로울 利(이) 더할 益(익)

요즘은 이익의 공사 구분이 정확하고 개념이 확실합니다. 利益(이익)이 뭘까요. 그래서 파자가 재미있습니다. 태초의 의미를 알게 되니까요.

이로울 利(이)는 벼 禾(화)와 칼 刂(도)가 결합되어 있지요. 어떤 파자에서는 날이 선 칼로 곡식을 다듬으니 편리해서 利가 되었다고 합니다. 저는 다르게 봅니다. 刂는 도량형으로 물물교환의 기준이 됩니다. 禾를 돈으로 바꾸니 편리하고 이로웠다는 것이죠. 1970년대에는 시골 정미소에서 쌀을 돈으로 바꾸는 모습을 쉽게 볼 수 있었습니다.

더할 益(익)은 한편으로 넘칠 益(익)이라고도 합니다. 그릇 皿(명)에 水를 써 그릇에서 넘치는 물을 형상화한 것입니다. 지금은 水자를 알아보기 어렵지만, 갑골문에는 水자가 그려져 있습니다.

利益은 돈이 넘쳐 생활이 풍성함을 의미합니다. 한편으로는 시장 교환에서 남긴 수익을 뜻하기도 합니다. 이익은 시장에서 교환을 통해 만들어지고 그 원천은 공공입니다. 그래서 공익이 사익에 우선하고 공리가 사리보다 먼저입니다.

고시 考試

– 생각할 考(고) 시험할 試(시)

　공무원을 뽑는 제도를 옛날에는 科試(과시)라 했고 오늘날에는 考試(고시)라 합니다. 노량진에 공무원 학원이 늘어나면서 컵밥이라는 신조어가 만들어지고 고시원이라는 초소형 주거지가 생기기도 했습니다.

　생각할 考(고)는 늙을 耂(노)와 공교할 丂(교)가 합쳐진 字인데요. 考는 무리에서 경험이 많은 老人(노인)에게 丂를 붙여 경험 많고 뛰어난 재주라는 뜻이 되었습니다.

　시험 試(시)는 주살 弋(익)을 만드는 장인 工(공)의 실력을 말씀 言(언)으로 기술하는 능력을 뜻합니다.

　그러므로 考試는 경험과 노련미를 겸비했는지 시험하는 것인데 지금은 단지 성적으로 가늠할 뿐입니다. 考試가 가진 진정한 의미를 되새겨 등용의 방법을 다양화해야겠습니다.

14

세배 歲拜

- 해 歲(세) 절 拜(배)

해 바뀜을 왜 그렇게 기다릴까요. 아마도 새해에는 잘 풀렸으면 하는 기대 때문인지도 모릅니다.

해 歲(세)에는 걸음 步(보)와 개 戌(술)이 있고 步는 오감을 나타낸다고 했습니다. 여기에 함께 쓰는 戌은 여러 의미를 담고 있는 未完(미완)의 字입니다. 歲는 戌과 步를 더해 깨달음으로 한 나이를 채우라는 지혜가 담겨 있습니다. 깨달음이 없는데 나이를 먹는 것은 숫자에 불과하다는 뜻입니다.

절 拜(배)는 손 手(수) 둘을 겹쳐 머리를 아래 下(하)로 숙이는 존경의 표현입니다. 새해가 존경스러우려면 깨달음이 있어야 합니다.

歲拜(세배)에는 '새해에 깨달음을 이뤄 弘益(홍익)하라'는 조상의 지혜가 녹아 있는 것은 아닌가 생각해봅니다.

15

경향 傾向

– 기울 傾(경) 향할 向(향)

　집이란 삶의 근거이자 중심입니다. 이유는 그 가운데 氏族(씨족)이 자리 잡고 있기 때문입니다. 집 家(가)를 파자하여 살펴보면, 돼지 豕(시)를 기르던 집 宀(면)은 하늘에서 내리는 습한 기운을 차단하는 형태의 구조입니다. 그 구조체에 붙는 口를 출입구라 불렀습니다.

　오늘의 파자인 기울 傾(경)은 앞서 傾聽(경청)에서 다룬 字입니다. 사람이 귀가 둘이고 입이 하나인 이유는 기울여 소리에 집중하라는 뜻이 담긴 字라고 했습니다.

　오늘은 다른 뜻으로 傾을 다뤄봅니다. 傾은 구부러진 머리 즉, 잠깐 頃(경)을 가진 人입니다. 삐딱한 인성을 뜻합니다. 사람의 인식에 편견이라는 삐딱함이 개입하면 인식을 제대로 하지 못합니다.

　향할 向(향)은 집의 들고 나는 출입구를 뜻합니다.

　기울어진 출입구가 바로 경도된 傾向을 뜻합니다. 경향이 심하면 근거가 무너진다는 조상의 지혜가 담긴 字입니다.

탑승 搭乘

– 탈搭(탑) 탈乘(승)

사람이 이동 수단을 갖게 된 역사는 기원전으로 거슬러 올라갑니다. 원거리의 여행에서 타게 되는 것은 수레, 배를 망라해 탈것이 됩니다. 탈것에 몸을 의탁하는 행위를 搭乘(탑승)이라 합니다.

탈 搭(탑)은 손 手(수)와 좀콩 荅(답)의 결합입니다. 荅은 풀 艹(초)에 합할 合(합)이 결합된 것이니 콩을 머금은 콩꼬투리를 말합니다. 사람이 무언가 타서 넘어지지 않으려고 손으로 지지하고 앉은 모습이 마치 꼬투리 안에든 콩 같다 하여 搭이라 합니다.

탈 乘(승)은 탈 椉(승)과 同字(동자)이며 탈 乘(승)의 本字(본자)입니다. 큰 大(대)와 홰 桀(걸)이 합해진 字입니다. 桀은 나무 木(목)에 어그러질 舛(천)의 결합인데 사람이 나무 위에 두 발을 딛고 서 있는 모습입니다. 닭이 저녁에 오르는 횟대가 桀이라고 생각하면 이해가 빠를까요. 횟대에 들어와 앉는 것이니 탄다는 뜻이 된 겁니다.

17

쟁점 爭點

- 다툴 爭(쟁) 점 點(점)

관계 속에는 늘 갈등 요소가 들어 있습니다. 그 갈등이 꼬여 매듭진 채로 봉합하고 살아갑니다. 지혜로운 관계는 爭點(쟁점)의 정리와 상호이해, 쟁점 관리 능력에 달려 있습니다.

다툴 爭(쟁)은 손톱 爪(조)와 손 又(우), 갈고리 亅(궐)이 결합한 字입니다. 풀이는 손톱을 드러내고 다투는 모습이 사실적으로 그려집니다. 여기에 말씀 言(언)이 붙으면 간할 諍(쟁) 이 되고 쇠금이 붙으면 쇠 錚(쟁)이 됩니다.

점 點(점)은 약자로 点이라고도 씁니다. 點은 검을 黑(흑)과 점칠 占(점)의 결합입니다. 黑은 불꽃 炎(염)과 창 囪(창)의 결합으로 새카만 연기가 올라가는 봉창을 묘사합니다. 占은 점치다와 점하다(공간이나 영역을 차지하다)의 두 의미가 내포된 字입니다. 占은 점 卜(복)과 口의 결합인데 口를 입으로 보면 점치다가 되고 에워쌀 囗(위)로 보면 점하다가 됩니다.

어쨌든 쟁점은 싸움의 핵심인 점을 말합니다. 앞서 언급한 것처럼 이견이나 견해차를 다투다가 사람 간의 다툼으로 이어지면 관계성을 해치게 됩니다.

신속 迅速

- 빠를 迅(신) 빠를 速(속)

빠르다는 속도는 시간의 개념입니다. 한자에서 속도는 거리의 기준에서 생긴 단어에서 찾아볼 수 있습니다.

부수인 쉬엄쉬엄 갈 辶(착)은 辵자로 그칠 止(지)와 조금 걸을 척(彳)과 결합된 것으로도 봅니다만 저는 다닐 行(행)이 결합된 字로 봅니다. 본디 止의 형상이 사람의 발 모양을 나타내는 상형문자이고 여기에 行은 마차가 다니는 넓은 길의 오고감을 뜻하는 字입니다. 따라서 부수 辶을 쓰면 길과 관련한 단어로 보면 됩니다. 오늘의 파자 迅速(신속)도 길과 연관성이 높은 글자입니다.

빠를 迅(신)은 辶에 빨리 날 卂(신)의 결합입니다. 卂은 十과 새 乙(을)이 합쳐져 새의 날갯짓이 너무 빨라 날개가 안 보이는 형상입니다.

빠를 速(속)은 辶에 묶을 束(속)을 결합해 빠르기의 의미를 만듭니다. 速은 어느 길에서 출발하여 다다르는 데에 걸리는 시간의 표식이라는 의미입니다. 시간이 붙으면 時速(시속)이 되고 말로 달리면 馬速(마속)이 되는 이치이지요.

迅速은 나는 새의 날갯짓이 보이지 않을 만큼의 빠르기이니 얼마나 빠른
지 아시겠지요.

체포 逮捕

― 잡을 逮(체) 잡을 捕(포)

획수가 복잡한 한자라면 어렵다는 두려움이 앞섭니다. 하지만 字를 의미별로 뜯어보는 능력을 갖추면 그리 어렵지 않습니다.

잡을 逮(체)에서 미칠 隶(이)는 꼬리를 손으로 잡은 모양새입니다. 누군가를 쫓을 때는 그가 움직이는 길을 따라 꼬리를 밟습니다. 그리고 잡았다는 표현은 꼬리를 잡았다고 하지요. 그것도 길을 쫓아서 잡은 것이니 잡을 逮(체)가 된 겁니다.

도망갈 逋(포)라는 字가 있습니다. 길을 뜻하는 辶(착)에 클 甫(보)가 붙어 도망간다는 의미가 됩니다. 왜일까요? 甫는 본래 남자의 美稱(미칭)으로 쓰이는 글자이고 아비 父(부)와 같은 뜻으로 쓰였는데, 지아비 夫(부)와 쓸 用(용)이 결합하면 甫가 됩니다. 그 뜻은 아비와 같이 만사가 능한 나이가 된다는 의미인데 군역이나 노역을 피해 길을 나서니 도망간다는 의미가 된 겁니다. 후에 손 手(수)와 甫가 결합되어 도망간 逋(포)를 잡으니 잡을 捕(포)가 되었다는 스토리입니다.

한지리는 게 그을 劃(획)의 현란한 움직임으로 만들어진 글이나 형태와 소리의 결힙이라는 문자의 고도화글 이뤄 오늘에 이릅니다. 글은 당대 사회의 합의에 따라 이뤄진 만큼 역사성이나 이야기가 내재돼 있습니다. 내재된 의미를 하나하나 되새겨가며 공부하면 어느새 완성에 이를 것입니다.

열정 熱情

- 더울 熱(열) 뜻 情(정)

나이가 든다는 것은 경험이 쌓인다는 뜻이기도 하지요. 한편으로 겸손해
진다는 의미이고 도전에 대한 두려움이 쌓인다는 의미이기도 하고요. 반대
로 젊다는 것은 의협심이 강하고 패기가 있다는 의미이고 熱情(열정)이 있는
상태입니다.

더울 熱(열)은 심을 埶(예)와 불 火(화)를 결합한 字입니다. 그 자체로 젊
음과 실패를 두려워하지 않는 뜨거움이 느껴집니다. 埶는 젊음의 도전이고
불을 붙여 북돋을 기운입니다. 그러니 熱은 젊음의 표상입니다.

뜻 情(정)은 心에 푸를 靑(청)이 결합한 字입니다. 靑은 날 生(생)과 붉을
丹(단)이 결합되어 붉은 마음을 품고 나온 푸름을 뜻합니다. 情은 한 조각 붉
은 마음의 순결함을 보여주는 것을 뜻합니다.

그러니 熱情은 젊음의 희망 사다리입니다. 부모를 모시고 자식을 살펴야
하는 끼여 있는 세대는 식어가는 열정에 불을 붙여야 살 수 있는 埶를 다시
찾아야 할지도 모릅니다.

집착 執着

- 잡을 執(집) 붙을 着(착)

관심이 지나치면 애착이 되고 애착이 정도를 넘어서면 執着(집착)이 됩니다. 집착은 마음 가는 바를 끊어내지 못하는 병이라 합니다.

잡을 執(집)은 다행 幸(행)과 잡을 丮(극)이 결합되어 만들어진 字입니다. 幸은 원래 古字(고자)로 놀랠 㚔(엽)이었다고 합니다. 㚔의 풀이는 말이 심하여 죄가 되는 경우랍니다. 그래서 말에 책임을 물어 잡혀가는 형상이 執이 되었지만 지금은 흔히 잡는다는 의미로 보편화되었지요.

붙을 着(착)은 양 羊(양)과 눈 目(목)의 결합입니다. 혹시 양 떼를 본 적이 있나요? 한 덩어리로 옹기종기 모이는 그림이 그려지시죠. 着은 붙다, 입다, 다다르다는 뜻이 담겨 있습니다.

결국 執着은 잡는 것입니다. 특히 집요한 잡음이 생기는 잡는 행위에 골몰하는 것은 나와 내 주변을 망칩니다. 집착에서 놓이길 바랍니다.

정비 整備

- 가지런할 整(정) 갖출 備(비)

기계도 사람도 일정 기간이 지나면 整備(정비)하는 시간이 필요합니다. 스스로에게 묻고 정비함이 없으면 교만해지기 쉽고 풀린 나사를 그냥 뒀다간 낭패를 겪게 됩니다. 기계는 느슨함이 오거나 마모가 일어나면 고장이 생기고 그런 통계적 마모율을 바탕으로 정비 계획이 필요합니다.

가지런할 整(정)은 꾸짖을 敕(칙)에 바를 正(정)이 결합되어 만들어진 字입니다. 整은 꾸짖어 바로 되게 만든다는 뜻이 담겨 있습니다. 敕은 묶을 束(속)과 칠 攵(복)이 들어 있습니다. 고장이 난 것을 묶어 때려서 바르게 만드는 것이 敕입니다.

갖출 備(비)는 사람이 메고 있는 화살집을 말합니다. 備(비)는 본래 화살을 넣는 도구를 형상화한 字이지만, 저는 풀 艹(초)에 기슭 厂(엄), 쓸 用(용)이 모여 만들어진 字로 파자를 해봅니다. 풀을 기슭 아래에 쓰려고 준비해 둔 형상이니 준비할 備가 됩니다.

整備의 참뜻은 고장이 나기 전에 준비하여 고쳐두는 것입니다. 사람도 기계처럼 자신을 돌아보는 정비가 필요합니다.

23

표리 表裏

- 겉 表(표) 속 裏(리)

겉과 속을 알기 어려운 것이 사람의 마음이라 하지요. 충신과 간신의 마음은 난세가 되어야 안다고 합니다. 겉과 속의 차이가 뭐기에 같지 못할까요. 오늘은 表裏(표리)를 파자하며 배워봅니다.

겉 表(표)는 앞서 얘기한 바 있지만, 옷 衣(의)와 털 毛(모)를 합한 字입니다. 외피가 털로 된 옷을 바깥에 입는다고 하여 겉이라는 의미로 정착하였다고 했지요. 그런데 表는 신하가 임금에게 뜻을 전하는 서한의 의미로도 널리 쓰였습니다. 지금까지 남아 있는 출사표가 그 증거입니다.

속 裏(리)는 衣에 마을 里(리)가 붙어 속 혹은 안 리가 되었습니다. 이는 里가 밭을 구분하는 이랑에서 온 말이고 옷의 이랑은 안감의 모양새입니다. 裏는 속내와 속마음이라는 뜻으로 쓰입니다. 수표의 소유를 나타내는 裏書(이서)가 남아 있는 말입니다.

表裏不同(표리부동)은 신이 인간을 시험하기 위해 내린 형벌이라는 말이 있습니다. 겉과 속이 같은 삶을 살아야 후회가 없겠지요.

24

비상 飛翔

- 날 飛(비) 날 翔(상)

    태양을 숭배하던 먼 옛날, 새는 태양과 인간을 이어주는 매개였습니다. 새는 鳥(조) 혹은 隹(추)로 불렸고 둘 다 높다는 의미를 가진 字입니다. 이토록 새는 인간에게 또 다른 꿈을 심었고 飛翔(비상)은 난다는 의미 외에 희망으로 표현되기도 했습니다.

    날 飛(비)는 오를 升(승)과 날 飞(비)로 새의 날갯짓을 의미하는 글자입니다. 두 날개로 힘차게 하늘을 향해 솟아오름을 나타낸 字가 飛입니다.

    날 翔(상)은 날개를 뜻하는 깃 羽(우)와 양 羊(양)이 결합한 字입니다. 翔은 양떼 같은 뭉게구름이 있는 하늘을 나는 형상을 표현했습니다.

    인간으로서 이상이라는 원대한 포부를 신의 영역인 하늘에 맡기어 펼치는 기상이 飛翔이었습니다.

오매 寤寐

- 깰 寤(오) 잘 寐(매)

寤寐(오매)라는 단어를 풀어보려 합니다. 앉으나 서나 자나 깨나 잊지 못함을 寤寐不忘(오매불망)이라 합니다.

깰 寤(오)는 나뭇조각 爿(장)과 집 宀(면), 나 吾(오)가 결합된 字입니다. 爿은 평상을 뜻하고, 吾는 글 읽는 소리를 나타냅니다. 즉, 집 안의 침상에서 옹알옹알 소리를 낸다는 의미로 바로 잠에서 깬 상태인 覺寤(각오)를 말합니다.

잘 寐(매)는 宀과 爿, 아닐 未(미)가 합해 잠자는 중인 字입니다. 未는 나무가 열매를 많이 맺었지만 열매가 설익은 상태를 뜻합니다. 그래서 침상에서 '아직'은 잠자는 중인 寐가 되는 것입니다.

寤寐는 '깨어 있을 때나 자고 있을 때나'라는 뜻입니다. 간절해서 사무치게 기억되는 상황입니다. 오매 간에 기억되는 뜻은 반드시 이루어집니다.

작품 作品

- 지을 作(작) 물건 品(품)

호랑이가 죽으면 가죽을 남기고 사람은 죽으면 이름을 남긴다고 했습니다. 사람의 깊은 마음엔 자신을 남기려는 본능이 살아 있는지도 모르겠습니다.

지을 作(작)은 人에 일어날 乍(작)을 결합해 사람이 만든 물건과 일을 나타냅니다. 다른 뜻으로 찰나, 잠깐이라는 의미도 있습니다. 옛날에 作은 사기 史(사)와 같은 뜻으로 '중요한 일에 대한 기록'이라는 의미로도 쓰였습니다.

물건 品(품)은 세 개의 口가 합해진 字로 사람의 평가를 득한 물건이라는 뜻이 됩니다.

요즘은 作品(작품)의 풍년입니다. 후세에 길이 남길 호평의 작품도 있지만 자화자찬의 헛일도 넘쳐납니다.

세간의 평가도 조작되는 속일 詐(사)가 개입될 여지도 많습니다. 조작의 수명은 乍과 같은 찰나가 됩니다.

작품에는 마음의 거울에 비추어 부끄러움이 없는 열성이 담기면 좋겠습니다.

水編(수편)

1

전어 錢魚

- 돈 錢(전) 물고기 魚(어)

돈 錢(전)을 파자하면 쇠 金(금)과 돈 戔(전)입니다. 戔은 창 戈(과)가 두 개 들어 있지요. 동전 한 닢과 창 두 자루인 셈입니다. 金은 이제 今(금)과 흙 土(토)가 들어 있으니 오랜 시간을 두고 캐낸 변하지 않는 광물입니다. 금이 고 돈이지요. 또한 戈는 창끝의 칼인데 그 생김이 물고기와 닮았습니다.

戔은 어떤 字와 합자되는가에 따라 쓰임이 다양합니다. 밥 食(식)이 붙어 보낼 餞(전), 조개 貝(패)를 붙여 천할 賤(천), 水가 붙어 얕을 淺(천), 발 足 (족)이 붙어 밟을 踐(천). 나무 木(목)이 붙어 사다리 棧(잔)이 되니 꽤 오래 된 字입니다.

물고기 魚(어)는 글자 그대로 물고기의 머리, 몸통, 꼬리를 형상화한 字입 니다. 魚가 뿔 角(각)자와 닮은 이유도 머리 모양을 본떴기 때문입니다. 몸통 은 밭 田(전)과 꼬리는 불 火(화)와 닮았지요.

錢魚(전어)는 魚頭(어두)에 깨가 서 말이 들었다고 했습니다. 그리고 화살 을 닮아 箭魚(전어)라고 불렸고 일본에서는 단도를 닮았다고 腹切魚(복절어)라고도 불렸습니다. 무엇보다도 錢魚는 집 나간 며느리가 전어 굽는 고소한 냄새에 돌아온다는 말로 유명합니다.

전어는 저렴해서 서민의 음식이었는데, 지금은 사정이 달라져 값비싼 金魚(금어)가 되어버렸답니다.

2

습관 習慣

- 익힐 習(습) 버릇 慣(관)

　익힐 習(습)이란 날갯짓을 하는 것입니다. 날갯짓이 자연스럽고 몸에 배어 체득이 되어야 習이라는 말이 됩니다. 백 번 이상 날갯짓을 해야 비로소 날 수 있게 된다나요. 그렇다면 백 번 이상 써보면 기억 못 할 한자 역시 없다는 뜻도 되겠지요.

　버릇 慣(관)은 익숙함입니다. 꿰뚫을 貫(관)이라는 자에 心이 붙어 있습니다. 慣은 옛날 화폐인 조개 貝(패)에 구멍을 뚫어 엽전을 엮는 흡족함에서 오는 익숙한 상태입니다.

　學習(학습)이 눈을 뜨게 하고 練習(연습)이 모여 習慣이 된다지요. 좋은 습관을 가져보는 건 어떨까요?

3

인과 因果

-인할 因(인) 열매 果(과)

인할 因(인)은 에워싸인 담[口]에 사람이 누워 있는 형상[大]이니 젖먹이를 상징합니다. 강보에 쌓여 순수하고 맑은 때이지요. 이때부터 바탕이 된 것이라면 좋든 나쁘든 시작이고 근본이니 첫 단추가 중요하다 하겠습니다.

여기에 열매 果(과)는 나무 木(목) 위에 나는 밭 田(전)이니 과실을 의미합니다.

因果(인과)는 서로 마주보는 관계입니다. 좋은 인연은 좋은 결실로, 나쁜 인연은 나쁜 결과를 낳는다고 하지요. 그래서 나온 말이 因果應報(인과응보)라 하지 않던가요.

4

모친 母親

– 어미 母(모) 친할 親(친)

　어머니와 여자의 차이는 젖입니다. 생명의 근원, 어미에게서 생존을 위해 취하는 것이 젖입니다. 그래서 어미 母(모)에서 다소곳이 앉은 두 점은 여성의 젖을 뜻합니다. 그러나 자칫 획을 잘못 쓰면 말 毋(무)가 되니 조심해야 합니다.

　또 친할 親(친)은 동네 어귀에 있는 나무[木] 위에 서서[立] 돌아올 길을 살피는[見] 모습을 나타냅니다.

　어머니라는 존재는 늘 걱정과 염려로 자식의 안부를 살피는 분입니다. 母親(모친)이라는 단어가 가진 깊이를 알고 지금이라도 전화 한 통 드려보는 것은 어떨까요.

노련 老鍊

- 오래될 老(노) 부릴 鍊(련)

늙을 老(노)자는 상형자로 노인이 백발을 흩날리는 형상인 늙을 耂(노)과 지팡이를 표현한 비수 匕(비)가 결합한 자입니다. 老는 지혜로운 경험을 가진 어른을 뜻합니다.

농성 사회에서는 오랜 세월 농사를 지은 경험이 있는 어른이 사회의 지도 층이었습니다.

부릴 鍊(련)은 쇠 金(금)과 가려낼 柬(간)을 합자한 말입니다. 柬에는 묶을 束(속)과 八이 들어 있습니다. 束은 나무 木(목)과 에워쌀 囗(위)로 나뉩니다. 여기서 八은 골라낸다는 뜻입니다. 柬은 나무를 에워싼 묶음에서 좋은 것을 골라낸다는 의미를 담고 있습니다. 결국 鍊은 좋은 나무를 골라 불을 붙이고 쇠를 녹여 여러 번 담금질한다는 의미입니다.

따라서 최고의 劍(검)은 오래된 경험과 정선된 재료를 엄선해 만들어지는 노련미가 필요합니다.

사색 思索

- 생각 思(사) 찾을 索(색)

　무언가에 골똘히 꽂혀 있는 사람을 두고 생각이 많다고 합니다. 생각이 뭘까요? 사전적 정의는 헤아리고 판단하고 인식하는 작용이랍니다.

　마음의 밭인 생각 思(사)가 있습니다. 마음의 밭인 생각은 어쩌면 아직은 정리되지 않은 깨달음 즉, 生覺(생각)은 아닐는지요.

　찾을 索(색)은 十과 덮을 冖(멱), 가는 실 糸(멱)으로 구성됩니다. 索은 十처럼 사방이 덮인 천장을 뚫기 위해 애쓰는 가는 실의 형상입니다.

　마음의 밭을 희게 만드는 것도 때가 있다고 했습니다. 결국 思索(사색)이란 마음의 밭에서 돌파구를 찾는 행위입니다. 사색이 깊으면 옳은 지혜를 얻게 됩니다. 그 길로 인도하는 지름길이 바로 思索입니다.

성공 成功

- 이룰 成(성) 공 功(공)

  춘추 시대는 그야말로 전쟁이었습니다. 그래서 무기의 성능이 곧 능력의 상징이었지요.

  이룰 成(성)은 도끼 斤(근)과 창 戈(과)가 합하여 완전한 무기가 되었습니다. 그래서 완벽하다 하여 成이 되었답니다. 成은 예전에는 금과 은의 함량을 나타내는 단위였고 斤은 지금도 도량의 기준입니다.

  공 功(공)은 장인 工(공)과 사내 팔뚝의 힘 力(력)이 합해져 만들어진 字입니다. 도구를 만들어 노력을 쌓는다는 뜻으로 功입니다.

  成功(성공)은 이처럼 완벽한 노력의 결실이니 얼마나 뜻 깊은 일이었을까요. 成功은 출세를 이르는 또 다른 오늘날의 단어이니 곱씹어볼 말입니다.

8

간단 簡單

- 대쪽 簡(간) 홑 單(단)

대쪽 簡(간)은 대나무 竹(죽)으로 만든 문 門(문)에 해 日(일)이나 달 月(월)이 들어 만들어진 字입니다. 한마디로 簡은 대나무의 마디 모양으로 사실 관계가 분명하거나 계수에서 혼돈할 오차가 없는 상태입니다.

거기다 홑 單(단)은 말이 필요 없는 강력한 포획력을 가진 고대의 무기였답니다. 갑골문을 보면 單은 Y자 형태로 그려진 것이 마치 새총처럼 보입니다. 일부에서는 인류의 가장 오래된 무기인 투석(돌팔매)을 그린 것으로 보기도 합니다. 던지면 한 방에 포획할 수 있는 무기였던 거죠.

그래서 簡單(간단)은 그물 무기를 던져 포획하는 짧은 순간입니다. 또는 백발백중의 單만큼 쉬운 일을 나타내는 字가 되었습니다.

158   水編

9

파문 波紋

- 물결 波(파) 무늬 紋(문)

　표피나 껍질을 의미하는 가죽 皮(피)는 먼 옛날 공손하게 손을 모아 구해야 했던 최고의 산품이었습니다. 이는 가죽 革(혁)에서 나온다 했습니다. 皮에 水가 붙으면 물의 표면인 외피를 의미하니 그게 물결 波(파)입니다.

　무늬 紋(문)은 실[絲]로 짠 문양[文]에서 나온 말입니다. 수면에 충격이 가해지면 동심원의 波動(파동)이 생기는데 그게 波紋입니다. 엷게 번져가는 모양새로 '파문이 인다'라고 표현합니다.

　파문의 다른 말로 波輪(파륜)으로도 씁니다. 작은 원인으로 일이 크게 번지는 양상이라고 할 수 있는데요. '水皮(수피)의 바퀴'라고 본 옛 선조의 빼어난 안목이 느껴집니다.

기억 記憶

- 기록할 記(기) 생각할 憶(억)

무언가를 적는다는 것은 중요합니다. 나이가 들면서 記憶(기억)력이 약해 져 적어야 할 필요성을 느낍니다. 간혹 어디다 적어 놓았는지를 모르는 것이 문제긴 하지만요.

적는다는 것은 문자 활동의 시작입니다. 말이 전제되니 말씀 言(언)에 몸 己(기)가 더해져 기록함을 나타냅니다. 그런데요. 기록이란 정리가 필요한 작업입니다. 己란 구부러진 실타래의 엉킴을 방지하는 '벼리'가 그 원조이므 로 '말을 정리하여 옮겨놓은 글'이 된 겁니다.

생각할 憶(억)의 핵심은 단연 생각 意(억)이겠지요. 생각은 설 立(입)과 가 로 曰(왈) 그리고 心이 더해져 짜인 字입니다. 마음에 바탕을 둔 생각을 세워 말하는 것을 意라 한다면 이 생각을 다시 마음에 담아두는 것을 憶이라 합니 다.

사람으로 살아가면서 담아둠이 많으면 한 번씩 散策(산책)이 필요하고 이 때 記해둔 憶을 한 번씩 재정립하는 것도 지혜입니다.

11

은혜 恩惠

- 은혜 恩(은) 은혜 惠(혜)

무슨 字義(자의)가 요럴까 싶지만요. 恩惠(은혜)의 뜻은 조물주의 무조건적 사랑 즉, 아가페랍니다. 보편적으로 아낌없이 베푼다는 말로 쓰입니다.

은혜 恩(은)의 본질은 인할 因(인)과 心입니다. 因은 집안에서 편안하게 거하는 모습이니 안심하고 편안하게 거하도록 하는 마음이 은혜의 본질이지요.

은혜 惠(혜)는 물레의 실타래를 형상화한 오로지 專(전)과 心으로 실타래가 실을 내어주듯 자기 것을 아낌없이 주는 마음입니다.

결국 恩惠는 마음 편히 거하도록 실을 아낌없이 주는 마음입니다. 恩惠의 대상이 자식일 수 있고 친구일 수 있고 연인일 수도 있습니다. 이 같은 마음은 조물주의 마음이니 주고도 풍족함을 얻게 된다면 이것이 恩惠입니다.

편파 偏頗

- 기울 偏(편) 자못 頗(파)

웃는 얼굴에 침을 못 뱉지요. 긍정적이고 넓은 마음으로 살면 친구도 많고 사는 법도 남다릅니다. 그런데 그렇지 못하는 게 사람이지요. 그래서 한자는 그런 字를 경계하나 봅니다.

기울 偏(편)은 人과 작을 扁(편)이 결합한 자입니다. 扁은 집 戶(호)와 죽간 冊(책)이 결합하여 널빤지에 글이나 그림을 그려 문 위에 걸어놓는 편액을 형상화한 것입니다. 戶는 출입구 중에서도 외닫이 문을 뜻합니다. 그러니 偏은 사람이 한쪽(외닫이) 문에 치우친(기울어진) 지식으로 살아가면 외곬에 빠짐을 경고한 字입니다.

자못 頗(파)는 가죽 皮(피)를 벗기는 고통이 머리 頁(혈)에 오는 것이니 삐뚤어지고 어그러진 인상을 말합니다.

결국 偏頗(편파)는 이미 외모에서 한쪽으로 기울어짐이 역력해 상대에게 드러난 모습이지요. 그렇게 살면 결국 偏狹(편협)에 빠집니다.

교류 交流

- 사귈 交(교) 흐를 流(류)

사귈 交(교)를 파자하면 돼지해머리 ㅗ(두)와 아비 父(부)로 나뉘지만 돼지하고는 관계가 없습니다. 오히려 양팔을 벌린 사람의 모습을 그린 큰 大(대)에서 뜻을 취합니다. 즉 사람이 양다리를 꼬고 앉은 모습입니다. 서로에게 영향을 주며 꼬여 있는 모습을 『설문해자』는 足脛相交(족경상교)라고 했습니다.

흐를 流(류)를 파자하면 水에 깃발 㐬(류)로 나뉘고, 㐬는 아기가 태어나는 모습을 그린 것이고, 아이 돌아 나올 (云)돌은 어미의 배속에 있던 아이가 출산할 때 머리부터 나오는 모습을 그린 字입니다. 그러니 流는 아기가 양수와 함께 순조롭게 흘러나오는 것을 뜻하고, 물 흐르듯 자연스러운 흐름이 流의 본 성질이라는 말입니다.

交流(교류)는 서로가 서로에게 목적을 두고 전하는 것이 아니라 자연스럽게 주고받는 영향입니다. 그래서 交流는 인류를 발전시키는 동인의 하나입니다.

공조 共助

- 함께 共(공) 도울 助(조)

共助(공조)는 사태의 해결을 위해 함께하는 도움을 말합니다.

함께 共(공)의 갑골문을 보면 두 손[卄]으로 그릇[皿]을 받들고 있는 모양입니다. 여기서 공손하다, 정중하다, 함께라는 뜻이 나왔지만 저는 또 이렇게도 파자해봅니다. 먼저 윗부분을 스물 卄(입)으로 아래를 들 入(입)으로 보는 것입니다. 즉 스무 명의 손을 합쳐 힘을 다해 공을 들이는 것이 共이라는 것이지요.

도울 助(조)는 힘을 들이는 것. 그것도 또 且(차)의 힘까지 빌리는 것이니 보이지 않는 힘은 '도움'이지요.

하늘이나 조상이 돕는 보이지 않는 힘을 우리는 助라고 합니다. 內助(내조)든 外助(외조)든 그 힘은 직접적으로 가해지는 물리적 힘이 아닐지라도 共助의 위력이 있습니다.

백지장도 맞들면 혼자의 힘보다 낫습니다. 이웃과 가족, 부부 사이에도 공조는 필요합니다.

해방 解放

- 풀 解(해) 놓을 放(방)

　풀 解(해)는 뿔 角(각)에 칼 刀(도), 소 牛(우)로 이루어져 있습니다. 소에게 뿔은 유일한 보호 수단입니다. 그 뿔을 刀로 잘라내었으니 무장 해제된 겁니다. 그렇듯 解는 완성된 것에서 풀려남을 말하게 됩니다. 解凍(해동)과 解毒(해독)처럼요.

　오늘의 解放(해방)은 인과연결어로 쓰였습니다. 이를테면 '풀려서 ~하다'처럼 말입니다. 解決(해결)이 '풀려서 결단하다'인 것처럼 말이지요.

　놓을 放(방)은 모 方(방)에 칠 攴(복)을 합하여 만든 字입니다. 攴은 점칠 卜(복)과 손 又(우)가 결합한 字입니다. 풀려나서 자신의 인생을 자기가 결정하는 운명에 놓인 겁니다.

　따라서 解放은 모든 얽힌 것에서 풀려나 자신의 삶을 자기 책임으로 헤쳐 나가야 할 때 쓰게 된 말입니다.

허위 虛僞

— 빌 虛(허) 거짓 僞(위)

빌 虛(허)는 호피 무늬 虍(호)와 언덕 丠(구)가 결합한 字입니다. 丠는 一 위에 북녘 北(북)을 합한 것입니다. 어쨌든 언덕에서 호랑이를 본다면 줄행 랑을 쳐 사람의 흔적이 없다 하여 虛로 정착된 경위는 알겠습니다.

거짓 僞(위)는 人과 할 爲(위)를 합하여 만든 字입니다. 爲는 원숭이가 손 을 머리에 올린 字에서 유래된 까닭에 僞의 뜻은 사람 흉내를 내는 원숭이입 니다. 그래서 거짓이라는 거죠.

虛僞(허위)는 없는 호랑이를 있다 하여 사람들을 몰아낸 자리에서 사람의 흉내를 내는 원숭이를 뜻합니다. 似而非(사이비) 짓을 하는 원숭이는 오래가 지 않습니다.

응대 應對

- 응할 應(응) 대할 對(대)

응할 應(응)과 솔개 鷹(응)은 뿌리가 같습니다. 옛날에 매를 길들여 사냥하는 기술이 있었는데 이렇게 길들여진 새를 매 雁(응)이라 했습니다. 雁은 집 广(엄)에 人과 새 隹(추)를 더해 만든 字입니다. 따라서 應은 매를 손에 얹고 사냥을 나서는 마음을 뜻합니다.

대할 對(대)의 갑골문을 보면 여러 개의 초가 달린 등경을 손에 든 모습입니다. 對는 풀 무성할 丵(착)에 받침 一, 마디 寸(촌)이 합해진 字입니다.

결국 應對(응대)는 자신의 이익을 위해 만나는 일에 있어 낮이라도 손에 등경을 들라는 이야기입니다. 처세에서의 자세를 지적하는 중요한 단어입니다.

강경 强硬

- 강할 强(강) 단단할 硬(경)

강하고 단단한 태도를 强硬(강경)이라 합니다.

강할 强(강)은 클 弘(홍)에 벌레 虫(훼)가 더해진 字입니다. 벌레 중에서도 쌀벌레입니다. 쌀벌레는 아무리 잡아도 없어지지 않으니 强하다 하였나 봅니다.

단단할 硬(경)은 돌 石(석)과 고칠 更(경)이 합해진 字입니다. 更은 남녘 丙(병)과 칠 攴(복)이 합해진 字입니다. 옛날 순라군이 나무를 치며 통금을 알리다가 아침을 맞았다고 하여 更이 되었습니다. 그 고침이 돌처럼 굳어진 상태를 단단할 硬이라 하였답니다.

强硬은 벌레 같은 작은 미물이 역경을 딛고 일어서는 힘이고 한 걸음에 한 번 치며 아침을 맞이한 결과로 굳어진 마음입니다. 그래서 이를 푸는 데에는 시간과 환경의 변화가 필요합니다.

증거 證據

- 증거 證(증) 근거 據(거)

증거 證(증)은 말씀을 제사상 위에 올려두는 행위입니다. 『설문해자』를 보면 고할 告(고)라고 했습니다.

파자하면 말씀 言(언)에 오를 登(등)입니다. 登은 등질 癶(발)에 콩 豆(두)인데 원래 豆는 제기의 그릇이었답니다. 그릇이 깨지기 쉬워 높은 곳에 두었는데 그 형상을 본떠 登이 되었답니다.

근거 據(거)는 파자하면 손 手(수)에 범 虎(호)와 돼지 豚(돈)을 쥐고 있는 것입니다. 한 손에 호랑이와 돼지를 쥐고 있는 형상입니다. 먹거리가 곧 삶의 근본이기에 據는 본질이었다는 이야기가 됩니다.

따라서 證據(증거)란 어디 내어놓아도 사실 관계가 명확한 근거를 들 수 있는 것입니다. 증거의 본질은 먹거리를 이 손에 잡아 오겠다는 신 앞의 맹세를 뜻했는지 모릅니다. 신 앞에서 한 약속이니 그 자체로 보증할 수 있고 인정받는 근거인 셈이지요.

수확 收穫

- 거둘 收(수) 거둘 穫(확)

거둘 收(수)는 거둘 穫(확)과 같은 '거두다'라는 뜻이지만 거둠에 있어 다분히 정량적이고 수치가 담긴 적극성을 가집니다. 오죽했으면 가을 귀신인 秋神(추신)을 收라고 했을까요. 收는 얽힐 丩(구)와 칠 攵(복)의 결합입니다. 묶어서 모두 나올 때까지 두드리는 것이지요.

거둘 穫(확)은 벼 禾(화)와 자 蒦(확)이 결합한 모습입니다. 蒦은 풀숲[艸]에 있는 새[隹]를 손[又]으로 잡고 있는 모습을 그린 것으로 '획득하다'라는 뜻이 있습니다. 穫은 획득한다는 뜻을 가진 蒦에 禾를 더해 벼를 수확한다는 의미입니다.

收穫(수확)의 행위에서 穫은 신이 인간에게 부여한 생존권을 의미합니다. 하지만 收는 인간의 욕망이 담긴 字입니다.

조예 造詣

- 지을 造(조) 이를 詣(예)

　지을 造(조)는 『설문해자』에서 나아갈 就(취)라 했습니다. 就는 '나아가 성공하다'라는 의미입니다. 또, 造는 금문을 보면 집 宀(면)에 배 舟(주), 고할 告(고)가 원래 字였습니다. 그러다가 쉬엄쉬엄 갈 辵(착)에 告만 남았습니다. 告는 소 牛(우)와 口로 제단에 소를 바치는 것을 형상화한 字입니다. 결국 造는 급히 만들어지는 것이 아니기에 공도 들고 시간도 드는 일을 말합니다.

　이를 詣(예)는 말씀 言(언)에 뜻 旨(지)를 합한 字입니다. 旨는 비수 匕(비)와 날 日(일)이 결합한 字인데 匕는 숟가락의 뜻이고, 日은 본래 입 口(구)였던 것이 달 甘(감)으로 되었다가 현재의 日로 변한 것입니다. 즉, 숟가락으로 맛난 음식을 취하는 것이 旨입니다.

　造詣(조예)는 뜻을 갖고 오랜 기간 수련해 그 뜻을 이룬 것을 말합니다. 여러분도 漢字(한자)의 참맛을 알게 돼 造詣의 경지에 이르시길 바라봅니다.

주저 躊躇

– 머뭇거릴 躊(주) 머뭇거릴 躇(저)

躊躇(주저)란 어떤 일을 결정 못 해 망설일 때를 나타냅니다. 머뭇거릴 躊 (주)에는 목숨 壽(수)가 들어 있습니다. 옛날에 칠십을 사는 일은 드문 일이 라 稀壽(희수)라 하고 칠십에 칠을 더하면 기쁜 일이라 喜壽(희수)라 했습니 다. 여든여덟을 살면 팔팔하다 하여 米壽(미수)라 하고 아흔아홉을 살면 백 에서 한 살이 빠진다고 하여 百壽(백수)입니다. 백수란 그리 나쁜 말이 아닙 니다.

躊躇라는 말에 壽와 나타날 著(저)가 보입니다. 그리고 발 足(족)이 각각 붙어 있습니다. 壽에는 선비 士(사)와 장인 工(공) 사이에 구결자 ㄱ(야)를 넣었습니다. 그리고 一과 꾸짖을 叶(두)를 넣어 선비로서의 뜻을 품고 살아 가는 동안의 꾸짖음을 목숨이라고 표현한 것은 아닐까요. 어쨌든 그 목숨의 만족할 지경이 躊의 원뜻입니다.

머뭇거릴 躇(저) 역시 나타날 著(저)에 足을 더한 字입니다. 著는 원래 대 나무 젓가락이고 著는 글 書(서)와 同字(동자)입니다.

어쩌면 먼 옛날 躊躇는 살 만큼 산 사람이 보여주는 자신감이었는지도 모릅니다. 결정을 못 하는 것이 아닌 경륜으로 꽉 찬 老人(노인)의 길이 참고 기다림의 美德(미덕)이 아닐까요.

23

적개 敵愾

– 대적할 敵(적) 노할 愾(개)

사람을 착한 사람과 나쁜 사람으로 나누기보다 우호적이냐 적대적이냐로 구분하는 것이 더 확연합니다.

그런데 대적할 敵(적)이란 뭘까요. 늘 타도의 대상으로 규정하는 敵을 파자하면 밑동 商(적)과 칠 攵(복)입니다. 商은 장사 商(상)과 같은 字입니다. 상술은 이로울 利(이)를 탐하는 것입니다. 敵의 본질은 꽃의 뿌리가 밑동인데 화려한 내면의 장삿속에서 나를 쓰러뜨리려는 속내를 보고 몽둥이로 치는 것입니다.

『손자병법』에는 敵人自至利之(적인자지리지)라는 말이 있습니다. 利를 줘버리면 無敵(무적)이라는 말입니다.

노할 愾(개)는 心과 기운 氣(기)가 결합된 字입니다. 심장에 바람이 든 것이 愾입니다. 참 오묘하지요. 마음은 늘 고요하고 흔들림이 없어야 하는데 흔들리고 바람이 든 것을 옛사람은 愾라고 표현했습니다.

따라서 敵愾(석개)는 또 다른 나의 욕심으로 비롯된 업보입니다. 세상을 손해 보고 살 순 없지만, 利를 조정하는 지혜가 필요합니다.

광복 光復

- 빛 光(광) 돌아올 復(복)

  빛 광(光)은 불 火(화)에 어진 사람 儿(인)을 결합해 만든 字입니다. 火는 원래 고정된 것인데 발이 달렸으니 비춘다는 능동의 의미가 생깁니다. 해가 동쪽에서 떠올라 서쪽에 떨어질 때처럼 말이지요.

  돌아올 復(복)은 '회복하다'라는 뜻을 가진 글자입니다. 復은 조금 걸을 彳(척)과 人, 날 日(일), 뒤져 올 夂(치)가 결합되어 '다시금'의 뜻을 지녔습니다. 옛길을 가다, 걸었던 길을 다시 밟는다는 의미를 가진 자입니다. 彳은 왔다 갔다를 반복해 길이 났음을 뜻합니다. 원뜻은 오고 간다는 의미인데, 往復(왕복)이 그 예입니다.

  光復(광복)은 잃었던 빛을 다시 찾는 일이고 비추지 않던 땅에 다시금 빛을 비추게 하는 일입니다.

희한 稀罕

- 드물 稀(희) 드물 罕(한)

稀罕(희한)은 한자어를 순우리말로 알고 오해하여 쓰는 단어 중 하나입니다. '희안'이라고 말하기도 하는데 옳은 표현은 '희한'입니다.

먼 옛날 세상에 본 적도 잡힌 적도 없는 귀한 생명이 있었다고 합니다. 그걸 잡겠다고 만든 전설의 신묘한 그물을 짰는데 그것이 稀罕이었다고 하네요. 별이 달보다 밝은 밤 벽오동에 앉아서 쉬는 새인데 우는 소리만 들리지 보이지는 않았다고 합니다. 오직 희한이라는 그물로만 잡을 수 있었다는군요.

드물 稀(희)는 원래 벼를 심는 간격을 두고 이른 말입니다. 고랑처럼 일정한 간격을 두고 심었다고 해서 벼 禾(화)에 바랄 希(희)를 씁니다. 希는 다시 사귈 爻(효)와 수건 巾(건)으로 나누니 수건에 자수를 놓은 것이겠지요.

드물 罕(한)은 그물 罒(망)에 방패 干(간)입니다. 옛날 그물로 만들어 적군을 사로잡던 무기였습니다.

그래서 稀罕으로 '투명조'를 잡는 데 성공했냐고요? 그 신묘한 뒷이야기도 稀罕하게 들리지 않습니다. 그래서 매우 드물고 진귀한 對象(대상)이나 現象 (현상)을 말하게 될 때 '희한'이라고 말하며 지금도 우리는 稀罕을 씁니다.

26

찬란 燦爛

– 빛날 燦(찬) 빛날 爛(란)

순간적으로 눈이 멀어 꼼짝 못 할 만큼 매우 빛나고 밝은 상태를 말합니다. 輝煌燦爛(휘황찬란)하여 奪目(탈목)하였다고 『설문해자』에서 설명합니다. 요약하면 너무 밝아서 눈이 멀었다는 것입니다.

빛날 燦(찬)은 불 火(화)에 정미 粲(찬)이 나옵니다. 粲은 쌀 米(미)에서 쌀겨를 벗겨 하얀 속살이 드러난 상태입니다. 하얗게 도정된 쌀이 불난 것처럼 환한 게 燦입니다.

빛날 爛(란)은 火에 가로막을 闌(란)이 결합된 字입니다. 闌은 문 門(문)에 가릴 柬(간)이 쳐져 들어옴을 막고 있습니다. 闌은 풀을 만나면 난초 蘭(란)이 되고 나무를 만나면 난간 欄(란)이 되고 물을 만나면 물결 瀾(란)이 되는데, 불을 만났기에 빛날 爛이 된 겁니다. 어떤 字가 되었든 근접을 불허하는 字입니다.

燦爛(찬란)은 오랜 굶주림에 쌀을 보고 눈이 멀 정도니, 궁핍이 극에 달한 가슴 아픈 글자이기도 합니다.

木編(목편)

유연 柔軟

- 부드러울 柔(유) 연할 軟(연)

오늘은 柔軟(유연)입니다. 창의 일종인 양날의 검을 단 무기와 나무로 만들어 헐거워진 수레의 이야기입니다.

부드러울 柔(유)를 파자하면 나무 木(목)과 창 矛(모)로 나뉩니다. 矛는 양날 檢(검)을 창끝에 꽂은 무기로 휘둘러 베는 일종의 칼입니다. 그래서 끼우면 빠지지 않아야 하고 간편하게 끼우도록 나무가 부드러워야 했는데 그런 나무는 쉽게 구하기 어려웠습니다. 유한 사람이 귀해서 군자라 하듯 柔한 나무는 참 귀한 대접을 받았다고 합니다.

연할 軟(연)은 수레 車(거)와 하품 欠(흠)이 합해진 字인데, 본래의 字는 연할 輭(연)이었습니다. 輭은 수레바퀴가 짐의 무게와 마모에 따라 헐거워져 커지게 되었다는 의미에서 말 이을 而(이)와 큰 大(대)를 합한 것입니다. 그런데 왜 欠으로 바뀌었느냐고요.

헐거워진 裕隔(유격) 덕분에 울퉁불퉁한 길을 설렁설렁 잘 넘어가 안전하게 지나게 되는 효과가 생겼습니다. 그래서 이런 軟한 수레를 타면 몰기가 쉬워서 줄음에 하품이 닐 징도로 부드럽나는 의미가 파생된 겁니다.

柔軟은 지혜입니다. 한쪽으로 치우치지 않도록 갖는 융통성입니다. 유연하지 못하면 삭막하게 되고 단순한 오해가 다른 사람에게 치명상을 안기는 경우를 종종 봅니다. 앞으로 대인관계에 있어 더욱 柔軟해야겠습니다.

감격 感激

- 느낄 感(감) 격할 激(격)

늘 보는 태양이지만 새해에 맞이하는 해는 유난히 感激(감격)스럽습니다. 다시 못 볼 해는 아니겠지만 의미를 두면 마음이 남다릅니다. 그래서 오늘의 파자는 감격입니다.

느낄 感(감)을 파자하면 心과 다 咸(함)으로 쪼개지고, 咸은 다시 수자리 戍(수)와 口로 나눠집니다. 수자리는 국경을 지키는 일 혹은 그런 병사를 뜻하니, 咸은 병사의 함성을 의미하겠습니다. 感의 느낌은 병사의 함성처럼 전율하게 하는 것이지요.

격할 激(격)은 水에 노래할 敫(교)가 붙어 만들어진 字입니다. 물이 노래한다는 것은 파도가 갯바위를 때려 포말이 일어날 때 나는 장엄한 소리를 뜻합니다. 敫는 흰 白(백)에 놓을 放(방)이 결합된 字입니다. 白은 하얗게 변한 유골로 백골이 된 시체를 두드리며[攵] 시체 주위를 돌며 요란하게 방술[方]을 펼치는 것이니, 그 소리를 들으면 절로 흥이 나기도 하고 슬퍼지기도 합니다.

장엄한 새해의 태양을 본다는 것만으로 感激해서 혼이 나가고 슬퍼도 용기를 얻고 좌절했더라도 일어설 힘을 얻는 것입니다.

휘호 揮毫

- 휘두를 揮(휘) 터럭 毫(호)

  통신이 발달하지 않은 옛날의 전쟁에서는 전술이 승패를 결정하는 경우가 일반적이었습니다. 지형지물을 이용한 전술에서 작전의 이기고 짐이 판결났다 해도 과언이 아닙니다.

  싸움에서 패한 쪽은 이긴 쪽의 요구대로 정치적 손해를 볼 수밖에 없었습니다. 이때 군사 軍(군)의 字에는 수레 車(차)가 등장하는데, 그 이유는 수레 한 대에 말 네 필, 전차병 셋, 호위 보병 열 명이 기본 陣(진)으로 편성됐기 때문입니다. 전쟁에서는 이 전차 부대를 천막으로 덮어 은폐했다가 작전에 등장시켜 적의 진영과 전술을 교란시켰습니다.

  장기판에서 제일 일사불란한 행마를 보이는 것도 車입니다. 어쨌든 車에 덮을 冖(멱)을 씌운 전차를 백 대 단위로 편성하였는데, 이 같은 전차 부대를 가져야 병권을 통솔할 수 있다고 보아 휘두를 揮(휘)가 되었습니다.

  터럭 毫(호)는 높을 高(고)와 털 毛(모)를 합자한 字입니다. 짐승의 위엄을 나타내는 갈퀴 털을 뽑아 만든 필기구를 말합니다.

병권을 지휘하듯 장엄하게 붓을 휘둘러 글이나 그림을 그리는 모습을 揮
毫(휘호)라 부릅니다. 一筆揮之(일필휘지)로 힘 있게 쓴 휘호처럼 인생도 시
원하게 풀렸으면 좋겠습니다.

4

유감 遺憾

– 남길 遺(유) 섭섭할 憾(감)

한글 전용 시대에 살다보니 한자어로 쓴 遺憾(유감)이 정확히 와 닿지 않을 때가 있습니다. 오늘은 遺憾을 풀어봅니다.

남길 遺(유)는 쉬엄쉬엄 갈 辶(착)과 귀할 貴(귀)로 된 字입니다. 辶에 貴로 보아 아끼던 것을 남겨 천천히 가도록 한다는 의미에서 오늘에 남긴다는 의미와 서로 통합니다. 『설문해자』에 실린 貴는 본래 잠깐 臾(유)와 조개 貝(패)로 형성된 字입니다. 사람[人]이 돈[貝]을 절구[臼]처럼 어깨에 얹어 맨 형상이니, 예전에는 귀함을 그렇게 좋게만 보진 않았나 봅니다. 오죽하면 心을 더해 심란할 憒(궤)로 쓰이겠습니까.

섭섭할 憾(감)은 느낄 感(감)에 心이 붙어 군인의 함성에 가까운 벅찬 감동과 상반되는 서운함이니 매우 크게 상심함을 뜻합니다.

遺憾은 빨리 털어야 합니다. 우리는 감정 조절과 사과에 익숙하지 못한 성정을 타고난 민족인지도 모릅니다. 서운하고 찝찝한 마음이 있으면 그냥 멀리하고 그것이 쌓이면 마음에 짐이 됩니다. 遺憾을 털고 가는 지혜가 필요합니다.

의혹 疑惑

- 의심할 疑(의) 미혹할 惑(혹)

항상 의심해야 하는 직업이 있습니다. 병을 치료하는 의사가 그런데요. 의심을 통해 문진하고 결과를 냅니다. 또 법을 집행하는 검찰이나 경찰은 범죄에 대한 의심 속에서 진범을 찾는 게 직업입니다. 인류가 지금까지 발전을 거듭하는 힘은 의심하는 능력에 있다 해도 과언이 아닙니다. 좋게 쓰면 발전의 명약인 셈이죠. 의심의 요체인 疑惑(의혹)이 오늘의 파자 주인공입니다.

의심할 疑(의)는 비수 匕(비)와 화살 矢(시)를 든 아들 子(자)가 가던 길을 멈춘 止(지)한 모습을 표현한 字입니다. 위험한 물건을 손에 들고 있으니 의심의 눈으로 조심스레 관찰해야겠지요.

또 미혹할 惑(혹)은 心에 혹 或(혹)자로 或은 창 戈(과)를 들고 백성의 口를 책임질 땅인 一을 지키며 경계하는 자세입니다. 따라서 心을 더해 백성의 땅을 지키는 창을 든 병사의 마음이 惑인 셈이지요.

정리하면 疑惑이라는 것 자체는 나쁜 것이 아닙니다. 좋게 쓰일지 나쁘게 쓰일지 해가 될 수 있는 것을 공익의 입장에서 밝혀보는 것이니까요. 우리는 공익적 잣대로 의심하여 오늘의 발전을 이룬 직업군을 칭찬하고 존경해야겠습니다.

분석 分析

- 나눌 分(분) 쪼갤 析(석)

　　세상 대부분이 결합체입니다. 중의적 언어로 표현해도 그 맥락 속에는 할 말이 담겨 있지요. 직설적 표현을 못 했을 따름이지 의도는 가지고 있는 경우가 대부분입니다. 검은색을 분석하면 그 속에 무지개가 숨어 있다는 이야기가 分析(분석)의 묘미를 느끼게 합니다.

　　나눌 分(분)은 八과 칼 刀(도)로 연결된 字입니다. 엄지를 제외한 양손을 칼로 나누는 것을 나타냅니다. 성질은 변하지 않은 채 말입니다.

　　쪼갤 析(석)은 나무 木(목)과 도끼 斤(근)으로 만든 字입니다. 도끼로 쪼개면 나무의 모습은 사라지고 목재로서의 가치만 남게 되지요.

　　이렇듯 分析을 통해 자세히 들여다보고 파악해야 할 일이 많습니다. 그러면 그 속에 지혜라는 메시지가 선물로 자리하고 있지요.

감옥 監獄

- 볼 監(감) 옥獄(옥)

연일 뉴스를 도배하는 것 중에 누가 무슨 죄로 재판에 넘겨졌다, 누가 보석으로 풀려났다 등 속 시끄러운 이야기가 많지요.

형무소로 지칭되다가 교화를 위한 의미로 순화된 것이 교도소인데, 다름아닌 監獄(감옥)입니다. 감옥은 자유가 억압된 채 누군가로부터 일거수일투족을 감시당하며 정해진 형기를 보내야 하는 곳입니다. 그런데 감옥이 꼭 형벌로써만 존재할까요. 제도나 관습의 이름으로 억누르고 속박하면 이 모두가 감옥인 셈이지요. 오늘의 파자 재료는 감옥입니다.

볼 監(감)은 신하 臣(신)과 人, 一, 그릇 皿(명)이 결합된 字입니다. 이 글자는 눈이 큰 사람[人]이 그릇[皿]에 금이 간 자국을 눈여겨 지켜보는 형상입니다. 청동 거울이 옛날에는 접시 그릇의 모양이었는데 거기에 금이 가면 빤히 보던 것에서 기인한 字입니다. 후에 벼슬의 명칭이 되고 일을 뜻하는 관직이 됩니다. 따라서 監이란 뚫어지게 관찰해야 하는 대상과 목적이 담긴 字입니다.

옥 獄(옥)를 살펴봅니다. 말씀 言(언)에 두 마리 개로 만들어진 글자입니다. 아마도 두 마리의 개는 말하면 물도록 훈련이 되어 있는 모양입니다. 言은 돼지해머리 亠(두)와 口 사이에 二가 놓여 있는데요. 이것은 하늘과 땅일 수 있고 주고받는 것일 수도 있습니다만 머리와 입을 연결해주는 것이 말씀이라는 뜻입니다.

정리하면 자유로운 영혼으로 제 할 말을 못 하게 옆에 개를 붙여두고 일거수를 감시당하는 삶이 監獄의 실체라는 겁니다. 그러나 최근 창살이 없어도 감옥 같은 삶을 강요받다가 풀려난 이야기도 심심찮게 듣습니다. 내 삶의 주인은 바로 자신입니다.

8

선거 選擧

- 가릴 選(선) 들 擧(거)

　세상의 일 가운데 어렵고 어려운 일이 공평하게 나누는 일이라 했습니다. 공평의 기준과 잣대가 시대와 상황에 따라 다르고 기여도의 경중에 따라 그 분배에 불만이 생기는 것이 사람 사는 세상의 법도입니다.

　옛날 군주 시대에는 통치자의 권위에 따라 충성의 기준으로 관리를 등용해 임지로 보냈습니다. 다스림이라는 표현으로 분배와 징수를 하면 되었지만 지금은 구성원 가운데서 뽑아 스스로 세워야 합니다. 이렇게 뽑는 행위를 選擧(선거)라고 합니다.

　가릴 選(선)은 쉬엄쉬엄 갈 辵(착)과 부드러울 巽(손)이 합해진 字입니다. 巽은 사람의 의지를 나타내는 몸 己(기) 두 개와 한 가지 共(공)으로 이루어진 字로 共은 스무 사람이 손을 들어 한 가지로 뜻을 모으는 字입니다. 각각의 己를 하나로 모으는 일은 세상을 부드럽게 하는 일이라 보았고 그러한 사람을 공손하다 보았습니다. 이 같은 능력을 갖춘 부드러운 公意(공의)의 성품을 가진 자를 천천히 뽑는 일을 選이라 했습니다.

들 擧(거)는 손 手(수)에 함께할 與(여)가 결합된 字입니다. 與는 들 舁(여)와 함께할 与(여)가 결합된 字입니다. 절구 臼(구)에 풀을 깔고 두 손을 마주 잡고 곡식 빻는 일에 함께하는 모습이 與입니다. 그 일을 맡아줄 사람을 손들어 뽑는 행위가 擧입니다.

따라서 選擧는 신성한 주권 행위입니다. 임기 동안 늘 한결같은 공손의 巽으로 공익적 책무를 다하는 데 소홀함이 없어야 합니다. 그 책무를 방해하는 행위 역시도 公益(공익)을 해할 害(해)하는 일임을 잊지 말아야 한다고 가르치는 字입니다.

9

회춘 懷春

– 품을 懷(회) 봄 春(춘)

겨울이 되면 간절한 기다림이 시작됩니다. 기다림은 희망이 되고 그 희망을 보면 계절이 다시 돕니다.

품을 懷(회)는 心에 품을 褱(회)의 결합으로 만든 字입니다. 褱를 파자하면 옷 衣(의)와 눈 目(목), 水가 나옵니다. 눈물에 옷깃을 적실 만큼 품게 되는 마음을 말합니다. 그리움을 표현한 글자입니다.

봄 春(춘)의 자형을 『설문해자』에서는 萅으로 적고 있습니다. 햇살[日]이 따뜻해지면서 풀[艸]의 싹[屯(둔)]이 올라오는 형상입니다. 즉 만물이 강한 생명력으로 일제히 잎을 내는 모습입니다. 또한 春은 초식 동물이 풀을 뜯고 후세를 위해 짝짓기를 하는 모습에서 강한 욕정을 상징하게 되었지요.

回春(회춘)도 같은 의미에서 정력을 품게 된 왕성한 짝짓기의 욕구에 기인한 말입니다.

사랑하는 임을 닮은 아이를 잉태하고 싶은 지어미의 마음을 한자에서는

懷春(회춘)이라 하고 '봄을 품는다'는 은유적 표현으로 대신했습니다. 봄은 이토록 자연에서나 사람에게서나 사랑과 시작, 새 생명, 출발을 의미하는 생명력을 잉태한 아름다운 글자입니다.

편집 編輯

– 엮을 編(편) 모을 輯(집)

스웨터를 짤 때는 털실과 뜨개바늘이 필요합니다. 털실의 색상 혹은 재료의 재질에 따라 같은 사람이 입는 옷이어도 다르게 만들어집니다.

여론을 일으킬 수 있는 글이라는 것도 같은 성질을 띱니다. 사실 관계의 확인, 글의 전개, 논리의 추론법 등에 따라 같은 재료이지만 전혀 다른 결론을 내릴 수 있는데, 이를 編輯(편집)의 방향성이라고 합니다.

엮을 編(편)은 실 糸(사)와 지게 戶(호), 책 冊(책)이 모인 글자입니다. 冊이란 먼 옛날 대나무 조각에 글을 새겨 가죽 위편으로 엮은 대쪽 簡(간)을 의미합니다. 지게에 싣고 온 책을 실로 새롭게 엮어내는 일이 엮을 編입니다.

모을 輯(집)은 수레 車(차)와 口, 귀 耳(이)로 된 字입니다. 口와 耳가 합하여 인구에 회자되는 이야기라는 뜻으로 原字(원자)는 기울 葺(집)이었습니다. 풀로 세간의 이야기를 엮어 만든 수레가 輯입니다.

編輯은 그 자체로 人爲(인위)가 개입된 작업입니다. 그래서 글을 읽는 모두의 마음을 담아낼 편집은 不偏不黨(불편부당)이라 했습니다. 不偏不黨은 중립적 가치를 전제한 말입니다. 치우치지 않고 진영에 가담치 않는 公平無私(공평무사)의 정신을 말합니다.

회자 膾炙

- 육회 膾(회) 구울 炙(자)

人口(인구)에 膾炙(회자)된다는 말이 있습니다. 지나친 관심이 오히려 해가 되는 경우를 많이 봅니다. 물론 여론이 사태의 해결에 자극제 역할도 하지만 삶의 一擧手一投足(일거수일투족)이 세상 사람의 관심사가 될 때 그 시선은 부담스럽습니다.

膾炙라는 말은 관심의 '도마에 올린다'는 표현입니다. 도마에 올리는 이유는 칼질을 위해서입니다. 칼질된 고기는 날것과 익혀 먹을 것으로 구분한다는 것이 膾炙입니다.

육회 膾(회)는 육달 月(월)과 만날 會(회)의 결합어입니다. 여기서 月은 달이 아니라 고기 肉(육)의 변형자로 쓰인 겁니다. 고기를 날것으로 먹기 위해 모여 앉은 형상입니다. 會는 어떤 목적을 가지고 모인 형상으로 마치 떡을 찌는 시루에 뚜껑을 닫은 모습과 닮았습니다. 膾는 육 고기의 살을 먹기 좋게 얇게 저민 것입니다. 육 고기는 膾로 쓰고, 물고기를 얇게 저민 것은 회 鱠(회)로 써야 하지만 언젠가부터 혼용해 씁니다.

고대 중국의 공자께서는 육회를 좋아하셨고 맹자는 맛있는 음식으로 膾炙 (회자)를 꼽았다고 합니다.

한편 구울 炙(자)는 우리도 즐기는 요리 방식입니다. 生肉(생육)을 썰어 불 위에 구워 먹는 요리법입니다.

膾炙는 결국 먹히는 겁니다. 세인의 관심에 노출되는 프라이버시가 生肉 이라면 이를 膾炙하는 과정은 남의 이야기를 재미있어 하는 본능이겠지요. 자제가 필요한 대목입니다.

섬유 纖維

– 가늘 纖(섬) 벼리 維(유)

인류가 불 火(화)를 씀으로써 만물의 영장이 되고 옷을 해 입음으로 문화를 깨달았답니다. 옷에 겉주머니를 만듦으로써 욕심을 가졌고 속주머니를 닮으로써 속이게 되었다는 속설이 있습니다. 이야기를 정리하면 옷은 재료를 섬세하게 만지는 일이고 손을 쓰는 일이니 인류의 지능 발전을 촉진하게 뇌시 않았을까요?

오늘의 파자는 옷의 재료인 纖維(섬유)입니다. 纖維는 촘촘하고 질겨서 풀어지지 않아야 하는 강인함과 쉽게 해어지지 않는 내구성을 지닌 인류 최고의 발명품입니다.

가늘 纖(섬)은 복잡해 보이지만 그렇지 않습니다. 부추 韭(구)는 어릴 때 소 풀이라고 불렀는데 촘촘함의 상징인가 봅니다. 韭에 다할 韱(첨)을 씌운 부추 韱(섬)은 인공적으로 만든 부추밭인 셈입니다. 좇을 从(종)과 창 戈(과)의 결합은 베틀을 말하며 창을 좇아 움직이는 기계라는 뜻이지요. 앞에서 몇 번 언급했지만, 실 糸(사)를 파자하면 작을 幺(요)와 작을 小(소)의 결합입니다. 糸에는 작고 작은 것을 꼬아 만든 매듭으로 실을 짠 것이라는 뜻이 담겨 있지요.

벼리 維(유)는 섬유의 근간을 이루는 중심입니다. 그물코를 꿰는 중심 줄이기도 합니다. 糸에 새 隹(추)를 붙인 維는 갑골문과 금문에서 새의 다리를 실로 묶은 형상을 하고 있는데, 저는 높을 隹(최)로 보고 이를 다시 어질 仁(인)과 장인 工(장), 점 丶(주)가 결합된 것으로 파자합니다. 즉 隹는 하늘과 땅 사이에 사람이 할 일은 늘 네 이웃을 살피고 베푸는 일이라는 뜻이 내재되어 있습니다. 그것에 들인 노력의 으뜸이 바로 隹이니 纖維라는 발명품이 얼마나 대단합니까.

소학에서는 四維(사유)로 禮義廉恥(예의염치)라고 가르치고 維는 삶의 기둥입니다. 지금은 維新(유신)이 필요한 때입니다.

13

나병 癩病

– 나환자 癩(나) 병 病(병)

　과거에는 天刑(천형)이라고 불렀습니다. 지금은 3급 법정 전염병이고 무좀보다 치료가 쉬운 병이 癩病(나병)입니다. 약을 만든 한센의 이름을 따 한센병이라고도 합니다.

　나병은 영화 「벤허」를 보면 로마 시대에도 창궐하여 집단으로 모여 사는 모습이 나올 정도로 오래된 병입니다. 또한 일제강점기에는 소록도로 강제이주시켜 반인권의 학살이 자행된 고통의 병이었습니다.

　나환자 癩(나)의 병질 疒(엄)은 집 宀(면), 책상 丌(기)가 어울려 아파 누워 있는 병상을 뜻합니다. 어그러질 剌(랄)과 조개 貝(패)가 합쳐져 의뢰할 賴(뢰)를 만듭니다. 백약이 무효고 돈을 써도 어그러짐이 멈추지 않는 병이 癩病이라는 뜻입니다.

　또 다른 파자를 살피면, 상처를 가리기 위해 묶는다고 해서 묶을 束(속)과 업고 다녀야 해서 질 負(부)를 써서 싸고 업고 다니는 천형이 나병이었다는 풀이도 있습니다.

병 病(병)이라는 것이 그 옛날에는 앓아눕는 게 전제된 字라 부수조차 침상의 형태입니다. 남녘 丙(병)은 어떤 字일까요? 丙은 안 內(내)와 一의 결합으로 묘지기가 하늘의 처분만 바라고 목숨을 비는 형상입니다.

癩病. 치유할 수 없다는 두려움은 경계심을 쌓았고 그 벽은 삶조차 구별시키고 격리를 낳았습니다. 편견과 무지는 살기 위해 무자비한 폭력을 낳고 수십 명의 목숨을 빼앗는 학살을 일으키기도 했습니다.

14

개탄 慨歎

- 슬퍼할 慨(개) 탄식할 歎(탄)

파자의 목적은 쪼개진 글자도 알고 그걸 통해 완성된 글자를 쉽게 이해하는 데 있습니다. 오늘은 대개 槪(개)와 슬퍼할 慨(개)의 차이를 살펴보려고 합니다. 또한 탄식할 歎(탄)과 기쁠 歡(환)도 보겠습니다.

이미 旣(기)란 字가 있습니다. 대표적인 낱말은 旣得權(기득권)이지요. 旣得權이라 쓰고 이미 득한 권리를 말합니다. 旣에는 고소할 皀(핍)과 목멜 旡(기)가 들어있습니다. 皀의 갑골문은 밥그릇에 밥이 고봉으로 담긴 모습입니다. 향기가 좋은 밥[皀]을 다 먹었으니 목이 메이는 것[旡]입니다. 밥을 먹고 났으니 이미 할 일을 다 한 것이라는 거죠.

槪는 旣에 나무 木(목)이 붙은 것입니다. 나뭇결에 까칠하게 튀어나온 틱를 대패로 미는 행위로 원인을 대강 제거한 상태입니다. 그래서 개관, 개요, 개괄 등에 쓰입니다. 그런데 慨는 旣에 心을 합하였으니 마음에 일어난 심기의 까칠한 호소를 삼키는 행위입니다. 슬픔입니다. 흐느낌이 아닌 절제된 억누름입니다. 개세, 강개, 감개로 표현됩니다.

하품 欠(흠)을 파자하면 기운 气(기)와 어진 사람 儿(인)인데 하품처럼 가스가 밖으로 나오는 기분 변화를 뜻합니다. 이를테면 분노나 환희 등입니다.

歎과 기쁠 歡(환)의 공통점은 欠이 들어 있는 것인데, 歎은 가죽 革(혁)을 무두질하는 큰 大(대)일을 할 때 나오는 탄식이고, 歡은 풀[艹]에서 새끼 새[隹]가 재재거리는 것을 말합니다.

이 같은 부수의 변화에 따라 의미가 달라지는 것은 한자의 확장성입니다.

慨歎(개탄)을 사전으로 아는 것과 파자를 통해 익히는 차이가 느껴지십니까. 한자는 한 자 한 자가 言語(언어)입니다. 우리말이 한자에 뿌리를 두고 있어서 한 폭의 그림처럼 그려지는 것입니다.

여론 輿論

- 수레 輿(여) 논할 論(론)

　대중의 공통된 의견을 사전적 의미로 여론이라 합니다. 또 사회적으로 제시되는 의견 가운데 공통된 견해가 여론이죠. 여론은 정보에 대해 특정하게 형성된 견해입니다만 때에 따라 왜곡과 과장된 정보로 여론을 호도할 염려 또한 없지 않습니다.

　수레 輿(여)는 마주 들 舁(여)와 수레 車(거)가 결합하여 형성된 字입니다. 舁는 절구 臼(구)와 풀 艹(초)의 합자입니다. 輿는 풀 위를 수레 같은 탈것을 둘러매고 가는 형상입니다. 우리말로 가마 정도 될까요.

　또 논할 論(론)은 말씀 言(언)과 생각할 侖(륜)의 결합입니다. 侖은 삼합 亼(집)과 책 冊(책)의 결합입니다. 생각이란 머릿속에 체계화된 논리입니다. 그 논리를 담은 구술이나 문장이 論입니다.

　輿論에서 알 수 있는 것처럼 輿는 가마에 담긴 세간의 견해이며 가마에 담았다는 의미로 공의로 필터링한 견해라고 풀이됩니다. 여론은 이처럼 각자의 논리가 공통이라는 집단 정제 과정을 거쳐 설득력 있게 통용되는 衆意(중의)인지도 모르겠습니다.

할인 割引

– 벨 割(할) 이끌 引(인)

'에다'라는 우리말이 있지요. 자르다, 가른다는 뜻으로 쓰입니다. 그 '에'에 '누리'가 붙어 장사의 상술에서 덤으로 얹거나 금액을 깎아 팔 때 사용하는 말이 되었답니다. 에누리가 화제가 된 적이 있지요. 가격은 그대로인데 함량을 줄여 판매한 사건이었습니다. 그것도 에누리라 하지만 할인은 아닙니다. 할인은 깎아야 합니다. 깎아서 당기는 것이 割引(할인)이니까요.

벨 割(할)은 해할 害(해)에 칼 刀(도)를 조합해 만든 字입니다. 害는 집 宀(면)과 예쁠 丰(봉), 口를 합한 字입니다. 집 안에 예쁜 입이 있는 게 뭐가 문제겠습니까마는 예쁠 봉은 무성할 봉으로도 쓰입니다. 집 안에 예쁜 입과 말만 무성하면 家計(가계)에 무슨 도움이 되겠습니까. 예쁜 입만 무성하면 家計에 해롭다고 害가 되었답니다. 害에 刀를 합하니 무성한 것을 벤다는 뜻입니다.

이끌 引(인)은 활 弓(궁)에 뚫을 丨(곤)이 합자돼 '이끌다'라는 의미가 됩니다.

割引은 기존 가치에서 가격을 에누리함으로 구매력을 끌어낸다는 의미입니다. 실속을 높인다는 뜻이 담긴 한자입니다. 그런 의미에서 가격을 높이는 것은 割增(할증)이 되겠지요.

교학 教學

- 가르칠 教(교) 배울 學(학)

易(역)은 바꾼다는 의미입니다. 옛말에 以敎易學(이교역학)이 있습니다. 以敎易學은 가르침으로 배움을 바꾼다는 뜻입니다. 敎學(교학)은 세상을 살아가는 교양을 쌓아간다는 말입니다.

기르칠 敎(교)는 사귈 爻(효)와 아들 子(자), 칠 攵(복)이 조합돼 만들어진 字입니다. 敎는 爻를 가르치면서 아이에게 매를 듦을 형상화한 字입니다.

배울 學(학)은 절구 臼(구)와 덮을 冖(멱), 敎가 합한 字입니다. 절구 안에 爻는 아이가 무지로 덮인 막을 찢고 나가는 그림을 형상화했습니다. 이때 攵이 탈락하는데 매는 때릴 때 이미 사용했으니 스스로 배우는 데에는 필요 없기 때문입니다.

爻를 깨닫는 일이 敎學의 뿌리임은 알겠습니다. 옛 문헌에 敎學相長(교학상장)은 이를 두고 이른 말입니다.

18

위험 危險

- 위태할 危(위) 험난할 險(험)

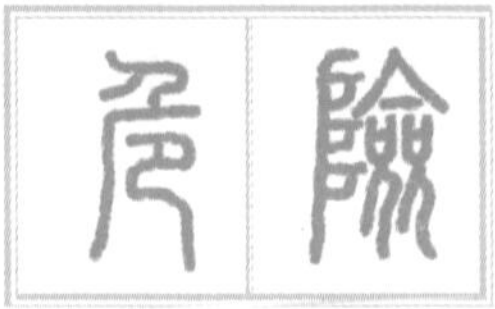

살다 보면 원치 않는 어려움을 겪게 됩니다. 안전한 환경에서 평온하게 생활하고 싶어도 직면하게 되는 어려움을 危險(위험)이라고 합니다.

위태할 危(위)는 우러러볼 产(첨)과 무릎을 꿇고 처분을 기다리는 형상인 병부 㔾(절)로 된 字입니다. 产은 기슭 厂(엄)에 人이 올라 있는 형태로 만인이 우러러보는 자리입니다. 产은 양면성을 가지고 있습니다. 굴욕적으로 무릎을 꿇은 㔾을 붙이면 危가 되고 화살 矢(시)를 붙이면 과녁 侯(후)가 됩니다.

옛날에 射侯祭(사후제)는 장수가 활을 쏘아 한 해의 길흉을 점치는 제사였답니다. 이때 과녁을 못 맞히는 장수는 절대 제후가 될 수 없었답니다. 그래서 諸侯(제후)에 侯가 붙게 되었고 侯는 제후라는 뜻이 되었답니다.

험난할 險(험)은 언덕 阜(부)와 모두 僉(첨)의 결합입니다. 높은 언덕을 오르는 길을 삼합 亼(집)에 다른 두 입이 다투며 오르니 그 길이 험하기 그지없다는 뜻입니다.

危險을 극복하는 바른길은 능동적이고 긍정적으로 사안을 살펴서 같은 목소리로 화합하는 것입니다. 위기가 기회라는 이유가 여기에 있습니다. 여러분은 우러러 처분만 바랍니까 아니면 과감히 화살을 쏘아 제후가 되렵니까?

첨예 尖銳

– 뾰족할 尖 (첨) 날카로울 銳 (예)

문화가 앞서면 말이 정교하고 풍성합니다. 물론 말의 역사가 깊은 것은 당연하지요.

尖銳(첨예)라는 말이 있습니다. 尖銳의 기원엔 尖兵(첨병)이 있습니다. 군대 병력이 이동할 때 斥候兵(척후병)의 역할에서 나왔습니다. 斥候兵은 先頭(선두)에서 진행하며 아군의 危害要因(위해요인)을 찾아내고 후방 지휘부에 알려 군대를 敵(적)으로부터 보호하는 병사입니다. 隊伍(대오)에서 떨어져 나온 작은 병력이기 때문에 작을 小(소)에 큰 大(대)를 결합해 뾰족할 尖(첨)이 되었답니다.

날카로울 銳(예)는 날카로울 剜(예)와 同意字(동의자)입니다. 銳는 아연 鉛(연)과 어진 사람 儿(인)이 결합된 字입니다. 鉛에 儿이 붙었는데 왜 날카로워졌을까요. 동의어 剜는 지금은 별로 사용하지 않는 字인데 銳의 字義(자의)는 알 수 있습니다. 언덕 아래 불꽃 炎(염)을 피워 칼 刀(도)를 만드는데 이 칼이 청동기의 시작을 뜻한다면 이렇게 해석해 볼 수가 있겠습니다.

아이 兒(아)는 절구 臼(구)와 儿이 합하여 두 손으로 걷는 아이라는 뜻이 됩니다. 臼는 그 형상이 두 손이라는 데에 의미를 찾았습니다. 兒가 두 손을 써야 잘 갈 수 있다는 字라면 鉛을 써야 잘 갈 수 있는 게 銳라는 말입니다. 그 성질이 날카롭고 강한 金屬(금속)이라는 뜻에서 劂와 동의어가 된 건 아닐까요.

20

공포 恐怖

– 두려울 恐(공) 두려울 怖(포)

두려움의 실체가 무엇일까요. 두려움은 불안에 대비시키는 기본 현상이라고 하이데거는 말했습니다. 그리고 정조 임금께서는 해야 할 일을 미루는 것이라 합니다. 페르세우스는 '메두사가 얼마나 무서웠으면 보자마자 돌이 돼버렸을까'라며 사람을 닮은 돌을 만나게 되면 느끼는 오싹함이라 했습니다.

두려울 恐(공)은 心에 굳을 巩(공)을 붙여 만든 字입니다. 장인 工(공)과 잡을 丮(극)이 결합된 字입니다. 지금은 丮이 무릇 凡(범)으로 바뀌었습니다만 무언가 가공되어 딱딱해진 심경입니다.

두려울 怖(포)를 파자하면 心과 베 布(포)가 합한 字입니다. 마음을 천으로 감싼 형태입니다.

불안은 심리적 현상입니다. 실체가 없는 마음이 만든 상상의 산물입니다. 두려움의 실체는 마음에서 예지하는 신호입니다. 공포의 극복 방법은 자신감의 회복이고 사안에 대한 기꺼운 대처이며 적극적인 대응에 있습니다.

낭만 浪漫

– 물결 浪(낭) 흩어질 漫(만)

물결 波(파)는 바람이 일어 포말이 생길 때 쓰는 표현입니다. 하지만 잔잔한 파도는 윤슬이 반짝이는 잔물결입니다. 그 잔물결이 浪(낭)입니다. 水에 어질 良(양)입니다. 良은 원래 건물과 건물을 연결하는 복도인 회랑입니다.

흩어질 漫(만)은 水에 길게 끌 曼(만)이 합하여 끝없이 퍼지는 물을 뜻합니다. 曼을 파자하면 날 日(일)이 아니고 무릅쓸 冒(모)와 손 又(우)의 결합입니다. 눈만 나온 두건을 쓰고 힘차게 나아간다는 의미이지요.

浪漫(낭만)은 감정적이고 이상적으로 사물을 파악하는 심리적 상태입니다. 때로는 계산적이고 논리적인 지혜보다 로맨스가 세상을 구하는 힘이 되지요.

신촌 新村

- 새 新(신) 마을 村(촌)

　새로운 일은 전혀 새롭지 않은 것에서 기원을 찾습니다. 새 新(신)을 파자하면 매울 辛(신)과 나무 木(목), 도끼 斤(근)이 결합한 字입니다. 도끼로 나무를 잘라내는 매서운 일이 新입니다. 새로운 것은 옛것을 제거해야 오는 것입니다.

　마을 村(촌)은 木에 마디 寸(촌)을 합한 字입니다. 원래 마을은 진 칠 屯(둔)과 고을 邑(읍)이 결합한 마을 邨(촌)이었으나 작은 단위의 촌락인 村도 마을의 범주에 넣게 되었습니다. 이는 나무로 일정한 틀을 잡아 집을 짓게 되므로 최소 단위의 마을을 일컫게 되었답니다.

　어쨌든 新村(신촌)은 우리말로 새마을입니다. 새로운 사회의 구성을 위해 옛 폐단은 죽이고 새롭게 건설하는 사회라는 뜻이 배어있습니다.

충전 充塡

– 채울 充(충) 메울 塡(전)

한글에서 같은 소리의 다른 한자는 가끔 엉뚱한 오해를 낳는 경우가 종종 있습니다. 그 유명한 경제 금언인 '악화가 양화를 구축한다'에서 구축은 構築(구축)이 아니라 驅逐(구축)입니다. 몰아내고 쫓는다는 의미지요.

충전이라는 말도 종종 오해를 사곤 합니다. 電氣(전기) 에너지를 축저하다는 뜻의 充電(충전)과 오늘의 파자인 充塡(충전)은 그 쓰임이 전혀 다른 단어입니다. 채울 充(충)은 배가 불룩한 사람을 그린 것입니다. 充에서 어진 사람 儿(인) 위에 아무 厶(모)는 채워서 포만감을 느끼는 상태를 표현한 겁니다.

메울 塡(전)은 흙 土(토)와 참 眞(진)을 합한 字입니다. 眞을 파자하면 비수 匕(비)는 도를 튼 사람을 뜻합니다. 눈 目(목)에 보이지 않는 숨을 乚(은)을 붙여 도인이 변신술을 쓰듯 하늘에 이른 丌(승)이 眞의 참 의미입니다. 흙의 참 의미는 메꾸고 채워 튼튼케 하는 일이라는 뜻입니다.

그런 고로 充塡(충전)은 포만감이 들도록 채워 흙이 딴딴한 성을 쌓듯 매사에 튼튼히 대비하라는 뜻입니다.

봉투 封套

-봉할 封(봉) 씌울 套(투)

『설문해자』에서는 봉할 封(봉)은 발 止(지)와 흙 土(토), 마디 寸(촌)으로 나뉜다고 했습니다. 원래 임금이 신하에게 녹봉으로 내린 토지를 封이라 했답니다. 본래 땅의 경계를 정해 관리하는 권한이라는 의미가 숨어 있지요. 그래서 함부로 들어갈 수 없는 금지의 땅으로 의미가 변합니다.

씌울 套(투)는 큰 大(대)와 길 長(장)이 들어있습니다. 長을 파자하면 긴 수염을 늘어뜨린 노인이 지팡이에 의지해 허리를 굽힌 字입니다. 大는 겨울에 머리칼과 몸을 덮어 추위로부터 몸을 보호하기 위해 입던 옷입니다. 套는 書套(서투), 說套(설투) 등 버릇이나 굳혀진 행동에 쓰입니다.

封套(봉투)는 비밀리에 전하여 지켜져야 하는 기록물을 담은 서신의 겉표지로 정착합니다. 종이로 된 찢어지기 쉬운 겉봉에 담긴 서신이지만 密封(밀봉)이라는 약속이 존중되어 수천 년 동안 보안성을 지키며 내려온 관습입니다.

추신 追伸

-쫓을 追(추) 펼 伸(신)

쫓을 追(추)는 언덕 阜(부)와 쉬엄쉬엄 갈 辶(착)이 결합된 字입니다. 辶은 조금 걸을 彳(척)과 발자국을 의미하는 그칠 止(지)를 합쳐 만든 부수입니다. 追는 언덕을 따라 난 발자취를 쫓아가 잡는다는 의미를 나타냅니다.

펼 伸(신)은 웅크리고 있던 사람[人]이 번개가 내려치는 모습[申]처럼 기지개를 켜는 모양입니다. 그래서 편다는 의미를 지닙니다.

옛날에 追伸(추신)은 편지에 거듭하여 본문과 다른 뜬금없는 내용을 더할 때 쓰는 표현이고 강조의 요약은 追記(추기)라 하였답니다. 추신은 더한 글로 인해 마음이 넓어지게 하는 追加(추가)의 신묘한 힘을 지녔나 봅니다.

26

피로 披露

– 헤칠 披(피) 이슬 露(로)

한자어로 피로는 대개 심신의 저하 정도를 떠올립니다. 오늘은 결혼식에서 자주 쓰는 피로연의 披露(피로)를 파자해봅니다.

피곤할 疲(피)나 헤칠 披(피) 모두 가죽 皮(피)를 씁니다. 疲는 일을 많이 해 가죽에 병이나 병들어 기댈 疒(역)을 씁니다. 하지만 披는 손 扌(수)에 皮를 씀으로 가죽을 손으로 벗기듯 헤치는 字를 뜻합니다.

이슬 露(로)는 처음과 끝이라는 뜻도 있어 모두 드러낸다는 의미로도 씁니다. 露는 비 雨(우)와 발 足(족), 각각 各(각)을 합한 字입니다. 雨는 가득하다는 의미이고 足은 다다른다는 뜻이 있습니다. 露骨(노골)과 綻露(탄로)는 露가 모두 드러낸다는 의미로 쓰인 예입니다.

披露는 결혼식 이상의 의미로 白日下(백일하)에 알린다는 뜻이 되기도 합니다.

金編(금편)

항간 巷間

– 거리 巷(항) 사이 間(간)

거리라는 한자는 여럿입니다. 거리는 사람이 모여 사는 동네를 전제한 말이겠지요. 거리 街(가)도 그런 뜻이었습니다. 街는 天子(천자)가 고관대작에게 하사한 땅 사이의 길이니 도읍의 길입니다. 길거리 逵(규)처럼 도시와 도시를 잇는 길도 있고 골목길 逕(경)도 있습니다. 물론 모두가 인정하는 빠른 지름길 徑(경)도 있지요. 모두가 길 道(도)입니다.

어느 길이나 만나는 모퉁이 隅(우)가 있고 세상 만물이 모였다 흩어지는 길인 네거리 衢(구)도 있습니다. 길은 여정이 있고 그 길에 켜켜이 쌓인 발자국의 수에 따라 정의가 달랐습니다.

기본적으로 社會(사회)가 전제되었고 전제된 規律(규율)의 秩序(질서)에 따라 세상이 돌아가지만 輿論(여론)이라는 것도 있겠죠. 그 수레가 다니는 길이 巷(항)이니 巷과 사이 間(간)에 떠도는 소문이 모이면 輿論이 됩니다. 가게 廛(전)이 있는 巷과 巷의 間인 巷間은 이렇게 나왔습니다.

2

낭패 狼狽

– 이리 狼(낭) 이리 狽(패)

　의외로 狼狽(낭패)를 순우리말이라고 알고 있는 분이 많습니다. 낭패는 개과의 이리와 닮은 전설의 동물입니다.

　이리 狼(낭)은 개 犬(견)과 같은 큰 개 犭(견), 다른 말로 개사슴록변과 어질 良(양)이 결합된 字입니다. 『설문해자』에 의하면 狼은 개와 닮았고 흰 털에 머리가 날카롭고 앞발이 길고 뒷발이 짧은 짐승입니다. 반대로 이리 狽(패)는 같은 이리인데 狼과 반대로 앞발이 짧고 뒷발이 긴 기형의 동물입니다. 따라서 狼은 狽 없이는 서지 못하고, 패는 낭 없이는 가지 못한다고 합니다.

　재미있는 것은 이 두 동물이 처음엔 같이 발맞추어 가지만 결정적일 때는 서로 사이가 벌어져 버린다는 점입니다. 협력해야 제구실을 할 수 있지만 다투고 떨어져서 그야말로 실패라는 낭패를 겪는 전설의 동물이랍니다.

　여러분은 앞날에 낭패당하는 일이 없고, 또 이런 전설의 승냥이를 만나지 않도록 유의하시길 바랍니다.

은퇴 隱退

– 숨을 隱(은) 물러날 退(퇴)

隱退(은퇴)하면 도연명의 歸去來辭(귀거래사)가 떠오릅니다. 은퇴는 현역에서 물러나 한가하게 여생을 보내는 광경을 떠올리게 하는 단어입니다. 수명이 늘고 의학과 식생활이 개선되면서 은퇴 연령을 높이자는 이야기도 있지만 법으로 정년을 규정한 직위나 기업을 빼고는 의미 없는 말입니다.

숨을 隱(은)은 언덕[阜] 아래에 자신의 솜씨 工(공)을 내려놓고 心을 묻는다는 뜻입니다. 이때 손톱 爪(조)와 손 又(우)는 오른손을 뜻합니다. 손으로 언덕을 파서 기술의 工과 오른손, 마음을 묻는다는 의미입니다. 隱은 결기를 느끼게 하는 字입니다.

물러날 退(퇴)는 쉬엄쉬엄 갈 辶(착)에 그칠 艮(간)을 써 만든 字입니다. 艮은 해 日(일)과 뒤져 올 夂(치)를 묶어 돌아갈 때를 나타낸 字입니다. 결국 退란 온 곳으로의 되돌아감을 말합니다.

은퇴는 한 번 하면 다시 되돌아감이 없는 물러남인데 현실은 칩거 정도로 적용하고 있어 단어의 본질과 다른 것 같습니다.

4

맥박 脈搏

– 줄기 脈(맥) 두드릴 搏(박)

본디 성씨 氏(씨)는 나무의 뿌리를 나타내 가문의 갈래를 보이는 字입니
다. 그래서 우리의 이름에 가문의 씨가 있으며 집 戶(호)를 구성합니다.

줄기 脈(맥)은 육달 月(월)과 갈래 派(파)가 결합한 字입니다. 派는 물길이
여러 갈래로 갈라지며 굽이쳐 흐르는 모습을 그린 것이니, 脈은 몸[肉=月]
속을 흐르는 피 즉 혈관을 형상화한 것입니다. 생명을 유지하려면 제일 중요
한 것이 脈입니다. 세상을 살아가며 脈을 짚을 줄 알아야 리더가 된다는 말도
있지요. 脈絡(맥락)을 짚는 기술이지요.

심장을 뛰게 하는 규칙적 리듬이 두드릴 搏(박)입니다. 클 甫(보)와 손 手
(수)가 결합해 잡을 捕(포)가 됩니다. 捕에 규칙을 나타내는 마디 寸(촌)이
결합되어 규칙적 리듬을 뜻하는 搏이 된 겁니다. 심장이 뿜는 혈액을 손으로
짠다는 뉘앙스의 발견에는 생명을 살리는 기술이 숨어 있습니다. 심장 마사
지법이 여기서 나온 기술입니다.

심장 박동이 불규칙해지면 亂脈(난맥)이 되고 반대말은 活脈(활맥)입니

다. 脈을 짚지 못하면 의사가 아니라 했습니다. 맥박의 규칙성은 생명의 유지에서 제일 중요함을 알아야 하겠지요.

5

포효 咆哮

- 고함지를 咆(포) 성낼 哮(효)

씨름 선수가 모래판에서 상대 선수를 꺾고 함성을 지르는 모습을 봅니다. 기쁨에 도취해 몸의 모든 에너지를 짜내 고함을 치는 것을 우리는 咆哮(포효)라고 합니다. 여기서 잠깐, 재미있는 단어 쌀 包(포)를 알고 가야 합니다.

包는 쌀 勹(포)에 뱀 巳(사)를 결합해 만든 字입니다. 그런데 巳는 뱀을 뜻하는 것이 아니라 손발이 형성되기 전의 태아라 보는 것이 타당합니다. 따라서 包는 힘의 응집이 필요한 모든 경우에 쓰입니다. 包가 들어가는 字에는 돌 石(석)을 붙여 대포 砲(포), 육달 月(월)을 붙여 세포 胞(포), 밥 食(식)을 붙여 배부를 飽(포) 등이 있습니다.

고함지를 咆(포)는 口를 붙여 입으로 대포를 쏘듯 큰 소리가 나는 것입니다. 성낼 哮(효)는 口와 효도 孝(효)를 합한 字입니다. 말씀을 안 드려도 알겠지요. 입으로만 孝를 부르짖는 짓은 성낼 일이지요. 『설문해자』에서는 哮를 돼지가 놀라서 내는 울음이라고 적어놓았습니다.

원전에는 咆哮가 그리 좋은 뜻은 아닌 관계로 모래판에서 승리의 고함은 歡聲(환성)이라 불러보면 어떨까요?

취재 取材

- 가질 取(취) 재목 材(재)

가끔 기자와 만날 일이 있는데 '取材(취재) 때문에 늦었다'고 이야기를 들으면 저는 흠칫 놀랍니다. 말이란 시간이 흐르면서 본질과 뜻이 변하겠지만 '취재'는 그 변화가 경이롭습니다.

가질 取(취)는 원전이 전쟁에 있습니다. 耳塚(이총)은 '귀 무덤'입니다. 전쟁에서 전공을 증명하는 수단이 取였습니다. 取는 귀 耳(이)와 오른손 又(우)인데, 적을 죽여 그 귀를 잘라 든 오른손이 전공을 가진다는 의미였습니다.

재목 材(재)는 나무 가운데서도 활용 가치가 뛰어난 부위 才(재)입니다. 才라는 字는 땅 一을 뚫고 오른 丨(곤)이 바로 새싹 丿(별)이라는 뜻으로 생명의 강렬한 힘을 뜻합니다. 才가 붙은 말을 살펴보면 집을 만드는 材, 돈을 만드는 재물 財(재), 보리 麥(맥)을 붙여 누룩 麳(재), 눈엣가시처럼 날카로운 釮(재)가 있습니다.

取材의 본뜻은 전공을 올릴 수 있는 먹잇감인데, 오늘날엔 칼끝보다는 펜끝에 남아 그나마 다행입니다.

7

짐작 斟酌

– 짐작 斟(짐) 술 부을 酌(작)

　먼 옛날 술을 담는 직업을 가진 이가 있었습니다. 술을 따르는 능력이 얼마나 신묘했던지 보이지 않는 술병에 정확히 남지도 모자라지도 않게 따랐답니다. 그 기술만큼은 사람 속을 읽는다고 해서 사람의 마음을 읽는 기술을 斟酌(짐작)이라 불렀습니다.

　짐작 斟(짐)은 말 斗(두)와 심할 甚(심)을 합한 字입니다. 甚은 달 甘(감)과 비수 匕(비)의 합자입니다. 벌린 입[甘]에 커다란 국자[匕]를 갖다 대고 있는 모습입니다. 개량의 구기인 斗로 양을 가늠한다는 의미입니다.

　술 부을 酌(작)은 닭 酉(유)와 구기 勺(작)으로 술을 따르는 그릇입니다.

　斟酌은 술을 정확히 따른다는 의미입니다. 결국 술을 따르는 신묘한 능력은 사람 마음의 차고 모자람을 읽어낸다는 것으로 확장되었음을 알 수 있지요. 어쩌면 작은 일이라도 도를 통한다면 사람 마음을 읽는 능력에 이르게 됨을 나타내는 것은 아닐까요?

8

효율 效率

– 본받을 效(효) 비율 率(율)

 본받을 效(효)를 파자하면 사귈 交(교)와 칠 攵(복)으로 나뉩니다. 갑골문에서는 交가 아닌 화살 矢(시)가 쓰였습니다. 화살촉을 두드려[攵] 비슷한 촉을 만든다 하여 效가 되었답니다. 效의 결과물을 진본과 비교하여 닮으면 같은 效果(효과)라 인정했습니다.

 비율 率(율)은 여러 뜻으로 쓰이는데 원뜻은 줄에 근원을 둡니다. 검을 玄(현)은 돼지해머리 亠(두)와 작을 幺(요)를 합하여 화살 시위를 나타내다가 시위를 오래 쓰려고 옻칠을 하게 되면서 검다는 의미로 쓰였습니다.

 率은 玄의 밑에 十을 두고 좌우에 이수변 冫을 두어 줄지어 가는 죄수의 호송 장면을 그리고 있습니다. 한편으로는 새를 잡는 그물이란 뜻으로 쓰이기도 합니다. 統率(통솔)로 쓰이면 전자의 의미(거느릴 솔)이고 비율로 쓰일 때는 안성맞춤의 실이 된다(비율 율)는 뜻이 담겨 있습니다. 근본은 실로 짠 그물이라는 의미로 '우두머리 수'로도 쓰입니다.

 글자 그대로 풀면 效率은 복잡한 것을 있는 그대로 모방한[效] 새를 잡는 그물[率]인 셈입니다.

부담 負擔

- 질 負(부) 멜 擔(담)

負擔(부담)이라는 말이 우리 삶에 정착한 것은 교역과 거래가 시작되면서 부터였는데, 지금은 심리적 표현으로 자리를 잡은 모양새입니다.

질 負(부)는 人과 조개 貝(패)가 결합되어 '(짐을) 진다'는 의미가 만들어 집니다. 병부 卩(절)은 무릎을 꿇고 앉아 있는 사람의 모양을 본 뜬 글자인 데, 負에서는 이를 다시 허리를 굽히고 있는 사람 모양으로 바꾼 것이지요. 본시 돈이라는 게 의무로 다가오면 사람을 초라하게 만듭니다. 負는 오로지 돈 부담을 떠안는다는 의미가 자리 잡은 것이지요.

멜 擔(담)은 손 手(수)와 이를 詹(첨)이 결합한 모습입니다. 詹은 말씀 言 (언)과 위태로울 厃(위)와 八이 합해진 字입니다. 여기서 八은 분별한다는 의미입니다. 그러니 擔은 厃에 八과 言과 手를 더해 '위태로움에 분별할 수 있는 말로 손을 써둔다'라는 뜻입니다. 그게 뭐겠습니까. 언제까지 갚겠다는 약속 아니겠습니까. 결국 말이 擔保(담보)가 되는 것이지요.

부담 중에 사람을 제일 힘들게 하는 것이 경제적 부담이겠지요. 모두가 앞으로 뛰어갈 때 넘어져 달려가는 동료를 바라보는 부담감이 사람을 가장 힘들게 합니다. 이럴 때 손을 내밀어 일으키는 이웃이 되면 참 좋겠습니다.

10

훈계 訓戒

– 가르칠 訓(훈) 경계할 戒(계)

한글을 訓民正音(훈민정음)이라 했습니다. 백성을 가르치는 바른 소리가 그 뜻입니다. 훈민정음에는 나라의 말이 중국과 달라서 문자로 서로 맞지 않아 이런 까닭에 지식이 짧은 백성이 그 뜻을 펼치는 데 불편해 만든 글자라고 머리글에 밝히고 있습니다.

그 바른 소리는 그때의 한자를 밀치고 보편의 문자로 오늘에 이르러 쓰게 됩니다. 진정한 우리글이 되었습니다. 하지만 그 시대 집현전 학자 최민리는 不學牆面(불학장면)을 걱정했습니다. 벽과 마주하는 것을 피하려면 배워야겠습니다.

가르칠 訓(훈)은 말씀 言(언)과 내 川(천)이 결합된 字입니다. 물은 위에서 아래로 흐르고 막히면 돌아갑니다. 순리를 따르도록 말씀하는 것. 바로 가르침입니다.

경계할 戒(계)는 창 戈(과)와 받들 廾(공)이 합쳐져 창을 받들고 있으니 군인이 경계를 서는 모습입니다. 따라서 訓戒(훈계)란 가르쳐 경계로 삼을 훌

金編　235

륭한 말씀이 그 뿌리입니다. 다만 삼키기 힘들어 오늘에 이르러 '꼰대의 잔
소리'로 전락해버린 면도 있습니다.

11

측정 測定

– 헤아릴 測(측) 정할 定(정)

5월 20일은 세계 측정의 날입니다. 측정이란 헤아려 정함을 뜻하는데 헤아리려면 기준이 있어야 합니다. 그 기준의 통일을 기념한 날입니다. 지금까지 기준은 1889년 5월 20일 킬로그램의 원기 값이었다는군요. 10억분의 1의 오차가 생겨 기존 백금으로 만든 원기를 신물질로 대체해서 적용한답니다.

헤아릴 測(측)을 파자하면 水와 법칙 則(칙)이 나옵니다. 則은 다시 조개 貝(패)와 칼 刀(도)로 나뉩니다. 貝는 제사 때 사용하던 솥을 그린 것입니다. 즉, 제사 솥에 칼로 기원의 문자를 새긴다는 뜻으로 만들어진 글자가 則이고 여기서 헤아리다, 법칙, 준칙의 뜻이 나왔습니다. 그러한 '법칙의 기준에 따라 물의 양을 측정하는 것'이 바로 測입니다.

정할 定(정)은 집 宀(면)에 바를 正(정)을 더해 바르게 집 안에 둔다는 의미입니다. 저울은 절댓값을 갖는 것이라는 의미입니다. 기준이 왔다 갔다 하면 혼란이 생기겠지요. 그래서 2018년 11월 국제도량형 총회에서 변하지 않는 재질의 킬로그램 원기를 결정해 2019년 5월 20일부터 시행하고 있습니다.

12

적폐 積弊

– 쌓을 積(적) 폐단 弊(폐)

積弊(적폐)는 쌓여 있는 낡은 것입니다. 한때 적폐를 청산하자고 해서 세간의 관심을 끈 字이기도 합니다.

쌓을 積(적)을 파자하면 벼 禾(화)와 꾸짖을 責(책)이 나옵니다. 責은 본래 가시 朿(자)와 조개 貝(패)가 결합된 모습, 즉 가시가 돋힌 돈을 표현한 字입니다. 積의 근원을 『설문해자』에서 積貨逐利(적화축리)라고 하여 재물을 쌓아두고 이익을 좇는 것이라 했습니다. 선한 일만 쌓아두어야 한다고 했습니다. 재물을 쌓아두면 곳간만 풍족하지 백성은 가난하다 했습니다. 하물며 폐단만 쌓았으니 옳은 일은 아니겠습니다.

폐단 弊(폐)는 해질 敝(폐)와 받들 廾(공)으로 나뉩니다. 敝는 해진 옷 㡀(폐)와 칠 攵(복)을 결합한 字입니다. 두드려 낡고 해진 옷을 떠받드는 행위가 弊라는 것입니다. 廾은 원래 개 犬(견)을 써 쇠약해진 개를 형상화해 더는 쓸모없음을 뜻했습니다.

결국 積弊는 쓸모없는 낡은 것을 쌓아두어서 이익을 취하려는 것입니다.

정말로 적폐는 뿌리 뽑아 정산해야겠지요. 그러나 적폐는 어디까지나 정신적 문제이니 의식적 개혁이나 혁신적 의지에서 찾을 일입니다. 사람에게서 적폐를 찾으면 오해와 저항을 불러옵니다. 이때는 오히려 혁신을 방해하는 적폐로 둔갑할 위험이 높습니다.

13

봉사 奉仕

- 받들 奉(봉) 섬길 仕(사)

받들 奉(봉)은 글자 속에 이미 스스로 기꺼이 받들어 모시려는 뜻이 새겨져 있는데 오늘날에는 꾸며주는 字를 붙여야 말이 통합니다. 자원봉사니 봉사자니 이런 것 말입니다.

奉은 부수로 큰 大(대)를 삼고 있지만 『강희자전』에서 정리의 편의를 위함이고, 갑골문을 보면 약초 즉, 신물 丰(봉)을 양손에 들고 바치는 형상입니다. 어원은 세상에서 구한 진귀한 물건을 상대에게 공손히 올리는 일입니다.

섬길 仕(사)는 人과 선비 士(사)의 결합인데 人의 자리에는 처음에 창 戈(과)와 같은 무기가 있었다는군요. 해서 무력으로 위엄을 갖춘 선비이니 두려움의 대상이라는 의미였습니다. 그랬던 것이 오늘에 와서는 사람을 섬기는 字가 된 것이지요.

奉仕(봉사)는 어원에서 보듯이 자신보다는 다른 사람을 위해 애쓰는 것이 전제된 字입니다. 예전에는 그 대상이 임금 혹은 제후였다면 오늘에는 약하고 어려운 사람이 된 거죠. 타인의 어려움을 그냥 넘기지 못하고, 선한 일을 찾아 애쓰는 사람들이 많을수록 사회가 밝아집니다.

14

각성 覺醒

– 깨달을 覺(각) 깰 醒(성)

복잡한 현대를 살아가다보면 무엇을 위해 사는가보다 하루하루에 급급해 살아갈 때가 많습니다. 변화를 두려워하고 현실에 적당히 안주하며 주말만 기다리며 한 주를 보내고 그 시간이 모여 세월을 덧없이 보냅니다. 오늘의 파 자는 覺性입니다.

깨딜을 覺(각)은 배울 學(학)과 볼 見(견)의 합자입니다. 學에서 아들 子 (자)를 볼 見(견)으로 바꾼 字입니다. 따라서 覺과 學은 비슷한 의미인 것이 분명해 보입니다. 見은 눈 目(목)에 어진 사람 儿(인)이 붙어 있습니다. 배운 것을 눈으로 보고 깨달음을 갖게 됨을 뜻하고 있습니다.

깰 醒(성)을 제대로 알려면 상대어 취할 醉(취)를 보아야 합니다. 닭 酉 (유)는 술을 말합니다. 醉가 술이 과해 마칠 卒(졸)을 붙여 잠든 것을 묘사했 다면 醒은 술이 깬 상태입니다. 醒은 酉와 별 星(성)으로 나뉩니다. 星은 날 日(일)에 날 生(생)입니다. 日은 태양이기도 하지만 낮을 의미하기도 합니 다. 낮을 낳은 상태니까 밝아진 것이죠.

覺醒(각성)은 단순히 인지함이 아니라 배운 것을 실증적으로 대입해 얻은 또 다른 경험의 배움입니다. 사람이 습득해서 미망의 어두움이 걷힌 상태가 覺醒입니다. 배운 것을 생활에 적용하여 覺醒이 있는 삶이 된다면 더 알찬 관계성이 회복되지 않을까요.

소요 騷擾

– 시끄러울 騷(소) 시끄러울 擾(요)

騷擾(소요)는 시끄럽고 시끄러움을 말합니다.

말 馬(마)가 벼룩 蚤(조)에 물려서 깜짝 놀라 날뛰는 걸 시끄러울 騷(소)라고 합니다. 馬가 파닥파닥 날뛰는 소리가 얼마나 시끄러울지 짐작이 가지요.

시끄러울 擾(요)는 손 扌(수)와 걱정 憂(우)를 합한 字입니다. 擾는 걱정을 손[手]으로 잡고 놓지 않는다는 의미입니다. 憂는 걱정거리를 머리 頁(혈)과 心에 담고 이리저리 안절부절못하는 것을 의미합니다. 이 또한 아주 시끄럽지요.

騷擾는 다수의 사람이 모여 기존 질서를 뒤엎는 행동을 보일 때 씁니다. 즉, 騷擾는 어떠한 사안에 몹시 놀란 군중이 고민을 쥐고 사안을 해결하기 위해 모여서 시끌시끌함을 표현한 단어입니다.

은밀 隱密

– 숨을 隱(은) 빽빽할 密(밀)

숨을 隱(은)은 삼갈 㥯(은)과 언덕 阜(부)가 결합돼 언덕에 몸을 가리고 무언가를 도모함을 뜻합니다. 㥯은 손톱 爪(조)와 돼지 머리 彐(계)를 가지고 있습니다. 彐는 손의 모양을 본뜬 것이며 오른손이라는 의미입니다. 㥯은 손톱과 손으로 마음을 다해 工(공)을 들인다는 말입니다. 이런 조심스러운 행동을 '삼가다'라고 하지요. 隱은 조심스러운 행동을 언덕에 한 번 더 숨겼다는 의미입니다.

빽빽할 密(밀)은 서까래를 나타내는 잠잠할 宓(밀)과 뫼 山(산)이 결합돼 하늘이 가려질 정도의 지붕을 만드는 숲을 뜻합니다.

隱密(은밀)은 자신의 능력과 재주를 빽빽한 숲에 감추고 드러내지 않는 처세를 뜻합니다. 마치 韜光養晦(도광양회)처럼 말이지요.

추석 秋夕

― 가을 秋(추) 저녁 夕(석)

가을 秋(추)는 벼 禾(화)에 불이 난 火(화)의 형상입니다. 누렇게 익어가는 들녘이 마치 불이 난 형상 같다고 하여 秋는 수확기가 된 禾를 뜻합니다.

저녁 夕(석)은 달 月(월)에서 파생된 字로 구름에 가려진 달, 즉 초저녁을 뜻합니다. 달이 완전히 익게 되면 밤 夜(야)라고 합니다. 양 겨드랑이를 형상화한 또 亦(여)의 생략형에 夕을 합하여, 딜을 끼고 수고한 맘을 표현한 것입니다. 그렇게 밤이 깊어가는 줄도 모르고 땀을 흘리면 진 液(액)이라 하였습니다.

秋夕(추석)은 결국 추수기가 되어 휘영청 밝은 달을 뜻하니 그날은 한가위입니다.

언젠가부터 중국도 중추절의 달을 노래하고 그 달을 닮은 月餠(월병)을 즐기게 되었습니다. 당나라의 고서『入唐求法巡礼行記(입당구법순례행기)』에 중추절은 신라의 절기에서 유래한다고 나옵니다. 중추절은 한반도에서 유래한 절기 설이 유력합니다. 일찍이 추석은 반도에서 대륙에 수출한 한류 문화인 셈입니다.

18

거래 去來

– 갈 去(거) 올 來(래)

　시장이 언제 생겼는지 모르지만 남는 것을 교환한 지는 꽤 오래전입니다. 장이 서면 사람들이 물건을 주고받고 만나고 떠나고 합니다.

　원래 去來(거래)는 가고 오다의 뜻입니다. 사람이 오가고 소식이 오가고 약속을 주고받으니 거래는 자연스럽게 시장 본연의 기능이 됩니다.

　갈 去(거)는 흙 土(토)에 사사 厶(사)가 합쳐진 字입니다. 土는 사람의 형상인 큰 大(대)가 변한 것이고 厶는 원래 밥그릇이 변한 것입니다. 去는 밥그릇을 내려놓고 떠난다는 의미가 되겠지요.

　올 來(래)는 人에 나무 木(목)이지만 사람과는 관계없고 하늘에서 내려주는 보리를 나타낸 字입니다. 보리 麥(맥)으로 나중에 확실히 쓰게 되지만 來의 본래 의미는 먹을 것은 하늘이 준다는 의미입니다.

　밥그릇을 내주듯 하늘이 준 것을 기다리는 것이던 去來가 생명 유지를 위해 없어서는 안 되는 사회성의 일환이 된 점은 분명합니다.

246　金編

특집 特輯

– 특별할 特(특) 모을 輯(집)

　특별할 特(특)은 소 牛(우)와 절 寺(사)를 합한 字입니다. 농경 사회에서 牛는 재산입니다. 소를 寺에 바치는 일은 절대복종을 의미합니다. 그래서 特은 특별한 일입니다.

　비슷한 자로 때 時(시)가 있지요. 時는 날 日(일)에 寺가 붙어서 허락된 햇살입니다. 글귀 詩(시)는 신에게서 허락된 말을 옮기는 글귀입니다. 모실 侍(시)는 특별히 모심을 허락받은 字입니다. 寺는 원래 발 止(지)와 손 又(우)를 합한 字로 권위가 있는 관청을 뜻했습니다. 관청에서는 무조건 손발이 닳도록 빌어야 했습니다.

　모을 輯(집)은 수레 車(거)와 소곤거릴 咠(집)을 결합해 조용히 모으는 형상을 표현했습니다. 輯은 口와 귀 耳(이)로 말하고 들은 것을 수레에 담는 것이니 매우 정성스레 모았겠습니다.

　特輯은 신이 허락한 우직한 소처럼 신묘한 능력을 갖춘 재주로 모은 것입니다. 그런데 최근엔 最大 特輯(최대 특집)이라 해도 별 특별할 것 없는 용어로 전락한 느낌입니다.

신청 申請

- 거듭 申(신) 청할 請(청)

거듭 申(신)은 절구 臼(구)와 기슭 厂(엄)으로 만든 字입니다만, 갑골문을 보면 申은 번개가 내려치는 모습입니다. 옛사람들은 번개가 하늘의 신과 관계된 것으로 생각했습니다. 어쨌든 먼 옛날 신의 뜻을 살피는 데에는 벼락만 한 것이 없었나 봅니다.

청할 請(청)은 부탁입니다. 푸를 靑(청)과 말씀 言(언)을 합한 字입니다. 靑은 날 生(생)과 붉을 丹(단)이 만나 파룻파룻 어린 티를 벗지 못한 붉음을 의미합니다. 靑은 새싹같이 푸름에 비유해 '젊다'는 뜻으로 쓰이기도 합니다. 請은 어린 사람이 어른에게 지혜를 청한다는 의미입니다.

따라서 申請(신청)은 그 옛날 제사장이 하늘의 뜻을 고하는 중대한 의식이었습니다. 오늘날 申請은 관공서에 민원을 요구한다는 뜻입니다.

21

중독 中毒

- 가운데 中(중) 독 毒(독)

　먼저 독 毒(독)을 이해하려면 아니 毋(무)와 어미 母(모)의 차이를 이해해야 합니다. 앞에서 언급한 바 있지만, 毋는 어머니의 모성을 음탕한 눈으로 보지 말 것을 경고한 字입니다. 음란할 毒(애)는 선비로서 금하는 행동입니다. 옛날에는 毒에 싹날 屮(철)을 더해 음탕한 마음이 자라나게 하는 풀을 毒이라 했습니다.

　가운데 中(중)은 一만큼 많은 뜻을 가집니다. 口에 뚫을 丨(곤)을 더해 가운데 중입니다. 中立(중립)의 中은 치우치지 않음을 뜻합니다. 中央(중앙)은 위치의 중심을 뜻합니다. 途中(도중)은 계속을 의미합니다.

　中毒(중독)에서 中은 계속을 의미하며 독에 빠져 벗어나지 못함을 말합니다. 세상에는 꾸준함에서 습관이 나고 습관이 중독을 일으킨다고 합니다. 비록 글의 근원은 유쾌하지 않지만 우리말을 잘하기 위해 한자 공부에 중독이 되길 바랍니다.

본말 本末

- 근본 本(본) 끝 末(말)

나무 木(목)에 一을 더한 위치에 따라 字의 뜻이 달라지는 경우입니다.

근본 本(본)은 木의 아래에 한 획을 그어 나무의 중심이 되는 근본으로 뿌리의 시작을 뜻합니다. 뿌리 根(근)이 땅속에 묻힌 현상적 뿌리를 말한 것이라면 本은 실체적 근본으로서의 존재감을 말합니다.

반대로 끝 末(말)은 木의 상단에 한 획을 그은 字입니다. 힘이 미치는 가장자리를 뜻합니다. 末은 나무로 치면 뿌리도 줄기도 가지도 아닌 잎사귀 정도를 의미합니다.

그래서 本末(본말)은 중요한 부분과 중요하지 않은 부분입니다. 本末이 轉倒(전도)될 경우 얼마나 큰 오류가 생기겠습니까.

균열 龜裂

- 갈라질 龜(균) 찢을 裂(열)

모든 사물의 틈은 龜裂(균열)에서 시작됩니다.

사람들은 均等(균등) 때문에 갈라질 龜(균)을 고를 均(균)으로 오해하는 경우가 있습니다. 龜은 원래 거북이의 옆모습을 상형으로 딴 字입니다. 거북의 등판을 보셨나요. 거북의 등에 난 실금이 틈으로 인식되어 갈라진다는 의미가 되었습니다.

찢을 裂(열)은 벌일 列(열)에 옷 衣(의)를 결합한 字입니다. 列은 칼 刀(도)와 살을 바른 뼈 歹(알)이 결합하여 칼로 뼈를 추려 나열함을 뜻합니다. 결국 衣가 붙어 너덜너덜해진 옷을 의미하게 된 겁니다.

인간관계가 거북이의 등처럼 갈라지고 너덜너덜해진 옷처럼 해어져 만신창이가 되어서야 하겠습니까. 龜裂은 아픔을 내포한 단어입니다.

계획 計劃

- 셀 計(계) 그을 劃(획)

計劃(계획)의 셀 計(계)는 말씀 言(언)과 十이 붙어 만들어진 字입니다. 앞서 言은 매울 辛(신)과 口을 합한 字이며, 쓴 말을 입에 담는다는 뜻으로 정착한 字라고 얘기한 바 있습니다. 言은 또한 입에서 나오는 허물 辠(죄)라고도 합니다. 辠는 허물 罪(죄)의 옛 글자로 매울 辛(신)이 口 위에 붙어 '말에는 반드시 책임이 따른다'는 것을 확인해주고 있습니다.

十은 세는 것이기도 해서 '세다'라는 의미로 통용됩니다. 한편으로 十은 一과 뚫을 丨(곤)의 결합으로 봅니다. '공간과 면적을 나눔으로 꾀를 펼친다' 하여 꾀할 計라고도 합니다. 十에서 一은 동녘 東(동)과 서녘 西(서)로 丨은 남녘 南(남)과 북녘 北(북)을 의미합니다. 작은 결을 맺자면 計는 '책임이 무거운 입으로 나온 꾀의 처음과 끝'입니다.

그을 劃(획)은 그림 畫(화)에 칼 刀(도)를 붙인 字입니다. 畫를 파자하면 붓 聿(율), 밭 田(전), 위튼 凵(감)이 조합된 것입니다. 붓으로 써서 밭을 일구어 그릇에 담는 것이 작업입니다. 그림에 刀를 붙인 이유는 그 옛날 붓은 칼이었지요. 대나무로 만든 죽간에 새겨 쓰는 칼이 붓이었습니다. 따라서 세밀

하게 할 일을 세겨 표기하는 글이 劃이었지요. 劃은 결국 '글쓰기'입니다.

　計劃은 '꾀와 글쓰기'입니다. 꾀가 머리에만 들어 있으면 計가 없고 글로 나타냄이 없으면 劃이 없지요. 이도 저도 없이 몸만으로 부딪히면 計劃이 없는 겁니다.

선물 膳物

- 반찬 膳(선) 물건 物(물)

밥을 먹는데 함께 놓는 밑 음식을 반찬 饌(찬)이라 합니다. 饌은 먹을 만한 푸성귀라는 의미입니다.

膳物에 들어가는 반찬 膳(선)도 같은 의미였나 봅니다. 膳에는 더 특별한 사연이 녹아 있습니다. 파자하면 육달 月(월)에 착할 善(선)이 들어 있으니 착한 고기입니다. 갑골문을 보면 善에 양 羊(양)과 눈 目(목)이 함께 그려져 있으니 눈으로 보기에도 해가 없는 양고기를 착한 고기라 했을 것입니다.

물건 物(물)에는 膳과 같이 가축이 들어 있습니다. 物은 소 牛(우)와 아니 勿(물)을 합한 字입니다. 갑골문의 勿은 칼에 피가 튀는 형상임으로 가축이 음식 재료가 되는 단계를 物이라 했나 봅니다.

膳物(선물)은 어원의 어디에도 감사의 思議(사의)가 들어 있지 않습니다 만 우리는 지금까지 감사의 厚意(후의)를 전하는 물건을 이르러 선물이라 합 니다. 그래서 그럴까요. 선물에서 기쁨이 느껴지면 그 뜻을 전한 것이고 반대 로 부담을 주면 뇌물이 됩니다.

26

절실 切實

- 끊을 切(절) 열매 實(실)

끊을 切(절)은 칼입니다. 갑골문의 七은 十자 모양으로 그려져 있는데, 칼로 나무토막을 자르는 모습을 표현한 것입니다. 여기에 칼 刀(도)가 더해지니 여지없는 끊김을 의미합니다.

열매 實(실)을 파자하면 집 宀(면)에 꿸 貫(관)인데, 貫은 밭 田(전)에 조개 貝(패)를 합한 字입니다. 즉 일하여 얻은 소득을 집에 보관한 것이 實이지요.

따라서 切實(절실)은 집 안의 곳간이 텅텅 빈 상태입니다. 이런 상태가 되면 매사에 懇切(간절)이 발동합니다. 사물에 대해 親切(친절)하게 되지요. 이는 내 내면의 궁핍에서 오는 切迫(절박) 때문이기도 합니다.

우리는 切의 상태에 빠지지 않는 사회를 만드는 데 노력해야겠습니다.

土編(흙편)

해시 亥豕

- 돼지 亥(해) 돼지 豕(시)

2019년은 己亥(기해)년입니다. 기해년 하니까 공자의 제자 子夏(자하)의 이야기인 '亥豕之訛(해시지와)'가 떠오릅니다.

자하가 길을 걷다가 우연히 누군가 역사책을 읽기를 "晉師伐秦(진사벌진) 三豕渡河(삼시도하)" 즉, "군대가 진을 칠 때 돼지 세 마리로 황하를 건넜다"라고 읽더랍니다. 이를 듣고 자하가 말하길 "三은 몸 己(기)의 잘못 씀이요, 돼지 豕(시)는 돼지 亥(해)의 잘못된 기록"이라고 고쳐주자 창피해서 어쩔 줄 몰라 하며 제대로 알아보니 자하의 지적이 틀림이 없더랍니다. 원뜻은 진나라와의 전쟁에서 기해년에 황하를 건넜다는 건데 잘못 옮긴 탓에 대군대가 돼지 세 마리로 건넜다는 엉뚱한 이야기로 역사서가 와전된 것입니다.

『설문해자』의 저자인 허신도 예외는 아니었습니다. 亥는 원래 돼지가 아니라 갑골문을 보면 나무의 뿌리입니다. 풀뿌리 荄(해)가 그 증거입니다. 그러던 것이 『설문해자』의 字 분류에서 동물로 그것도 豕와 같이 놓이며 豕와 같아졌습니다.

노나리 魯(노)도 세 빈 쎠 옮기먼 물고기 魚(어)가 되고 빌 盧(허)도 세 번 옮기먼 범 虎(호)가 되는 것이 한자어입니다.

글은 생각을 분별력 있게 표현한 것이지만 곧이곧대로 옮기기보다 깊이 생각하고 내 것으로 만들어 옮기는 지혜가 필요합니다.

시각 時刻

– 때 時(시) 새길 刻(각)

하루가 24시간인 것을 모르는 이는 없습니다. 하지만 약속이니 따르는 것이지 시간의 실체는 잘 모릅니다. 하루 24시간, 1시간은 60분, 1분은 60초, 하루는 86,400초라는 세계적 기준은 역사가 오래되지 않았습니다.

前日(전일)의 해와 今日(금일)의 해를 두고 측정한 일관된 운동의 계측 수를 12등분하거나 24등분으로 分割(분할) 것이 時刻(시각)입니다. 최초의 시계는 漏刻(누각)이었답니다. 일정한 양의 물을 흘려 그 횟수를 새긴다고 하여 누각이었다는 이야깁니다.

우리나라 세종 때에 발명된 仰釜日晷(앙부일귀)와 自擊漏(자격루)도 시계의 일종입니다. 전자는 해시계로 가마솥을 태양을 향하게 하고 그림자의 위치를 보고 시간을 아는 기계이고 자격루는 누각의 일종인데 스스로 타종을 하는 장치가 되어 있는 시계입니다.

때 時(시)는 해 日(일)과 절 寺(사)를 합한 字로써 寺는 원래 관청을 뜻하는 字입니다. 관청은 규칙적인 행동이 규범이 되는 곳입니다. 따라서 해의 규칙을 살펴 나타내는 때를 나타내는 字가 時입니다.

　새길 刻(각)은 돼지 亥(해)와 칼 刀(도)의 결합입니다. 돼지를 뜻하는 글자로 돼지 豕(시)도 있는데, 갑골문을 보면 豕는 살아 있는 온전한 돼지 형태이고 亥는 머리와 다리가 잘린 가공된 돼지 모습입니다. 刻는 가공된 돼지를 칼로 자르는 것이고 여기서 칼로 새기다라는 뜻이 나왔습니다.

　時刻(시각)은 時에서 어느 한 지점을 새겨 표시한 것입니다. 먼 옛날 떨어진 물의 양으로 刻을 헤아렸던 지혜가 고스란히 남아 있는 한자입니다.

3

추진 推進

- 밀 推(추) 나아갈 進(진)

作用(작용)에 따른 힘의 반작용을 이용해 나아가는 동체 작용을 推進(추진)이라 합니다. 움직임을 나타내는 글자를 만든다고 할 때 설명이 용이한 대상을 고민했을 겁니다. 이때 새가 등장합니다. 새가 움직이는 동작은 땅을 딛고 사는 동물과 다릅니다. 바로 밀어내는 작용으로 만들어지는 반발력이 나아가는 힘이 된다는 것인데 이를 반작용이라 합니다. 그래서 推進에는 모두 새가 들어갑니다.

새 隹(추)는 높이 난다고 해서 높다는 의미로도 쓰입니다. 재촉할 催(최)는 隹에 山을 써 성씨 崔(최)를 만들고 人이 붙어 만들어진 字입니다. 催는 목소리를 높여 요구한다고 해서 재촉한다는 의미입니다.

밀 推(추)는 隹와 손 手(수)가 결합된 모습입니다. 手는 날갯짓이고 새는 앞으로만 날 수 있는 동물이기 때문에 '밀다'라는 의미가 됩니다.

나아갈 進(진)은 쉬엄쉬엄 갈 辶(착)과 隹로 새가 날아가는 모습을 표현한 것입니다. 進은 새가 날아가는 모습이기 때문에 '나아가다'라는 뜻을 갖게 되었습니다. 한편으로는 새는 앞으로만 날 수 있어서 후퇴 없이 앞으로만 나아간다는 의미도 있습니다.

다시 원점으로 돌아가 推進은 갈 行(행)이 되기 위하여 밀침이라는 에너지가 사용되어야 함을 가르치고 있습니다.

4
긴급 緊急
- 긴할 緊(긴) 급할 急(급)

 굳을 臤(간)을 보면 공무원 업무의 경직성이 어제오늘 이야기가 아님을 알수 있습니다. 臤은 신하 臣(신)에 손 又(우)를 합한 것으로 신하의 손이 가면 일이 단단하게 굳어진다는 의미입니다. 臤이 흙을 만나면 굳을 堅(견)이 됩니다. 또 臤이 돈 貝(패)와 합하면 돈은 공직자처럼 써야 현명하다는 의미로 어질 賢(현)이 됩니다.

 긴할 緊(긴)은 서커스를 볼 때 마음을 졸이는 상태 정도로 이해되는 字입니다. 臤이 실 糸(사)를 만나 끊어질 듯이 팽팽하다는 의미의 緊이 됩니다.

 급할 急(급)의 꼴 彐(추)는 사람을 뒤쫓아 가서 잡는 손을 뜻하는 미칠 及(급)과 같은 글자입니다. 사람을 쫓아가 잡고자 하는 다급한 마음이 急입니다.

 及의 쓰임을 살펴보겠습니다. 及이 가는 실 糸(사)와 합해진 등급 級(급)은 실의 길이로 등급을 나눈다는 의미입니다. 及이 손 手(수)와 만나면 사람의 마음을 움직이는 힘을 뜻하는 미칠 扱(급)이 됩니다. 또한 水와 만나면 물을 길을 汲(급), 人이 더해지면 사람의 입으로 잡아두는 것이니 속일 伋(급)입니다.

緊急(긴급)을 떠 올릴 때 旣과 彐, 及을 함께 기억하면 뜻을 이해하기 쉽습니다.

5

일탈 逸脱

- 편안한 逸(일) 벗을 脫(탈)

살면서 정해진 역할과 일과에서 벗어나 나만의 시간을 갖고 싶은 적이 종종 있습니다. 학창 시절 공부에 지쳐 등굣길의 반대편으로 가면 어떨까 하고 상상을 해본 적도 있습니다. 이것을 逸脫(일탈)이라고 합니다.

왜 脫線(탈선)이라고 하지 않고 逸脫이라고 했을까요. 편안한 逸(일)은 쉬엄쉬엄 갈 辶(착)과 토끼 兔(토)의 합자입니다. 쫓기던 토끼가 달아나 마침내 아무도 잡을 수 없는 굴 안에 들어가 쉬는 모습입니다.

오늘날 逸의 쓰임은 다양합니다. 예로는 숨겨진 이야기라는 뜻인 逸話(일화), 손에 넣을 수 없는 물건인 逸品(일품), 홀로 빼어난 나라라는 뜻인 獨逸(독일) 등이 있습니다.

평생 한 번 할까 말까 해서 脫線이 곧 逸脫인지도 모르겠습니다. 脫線에서 벗을 脫(탈)은 육달 月(월)과 바꿀 兌(태)의 합자로 뼈에서 고기를 발라내는 행태를 말합니다. 그 과정이 얼마나 고통일까요. 兌는 형 兄(형)과 八이 합해진 字로 잔소리하는 형이 여덟 명이나 있어 상태가 바뀜을 의미합니다.

일탈은 편안함을 벗어나 변화를 꾀하는 행동도 되겠으나 보기 드문 탈피의 과정일 수도 있습니다. 그래서 일탈이 꼭 나쁜 것만은 아니지요.

6

석방 釋放

– 풀 釋(석) 놓을 放(방)

2019년은 釋放(석방)으로 세상이 떠들썩했습니다. 국경 분쟁 중에 인도의 전투기 조종사가 석방됐고 구속된 전직 대통령은 재판을 받게 되었습니다. 풀려나는 것과 내려놓는 것의 차이는 뭘까요.

풀 釋(석)을 파자하면 분별할 釆(변)과 엿볼 睪(역)입니다. 睪은 눈 目(목)과 다행 幸(행)이 결합된 字입니다. 幸은 일찍 죽을 夭(요)와 거스릴 屰(역)이 결합된 형태로 죽을 운명을 거슬러 살아났으니 다행이란 뜻입니다. 천운이라는 것이죠. 睪에는 目이 있어 남보다 한발 앞서 보기 때문에 빠른 판단이 가능하다는 의미가 담겨 있습니다.

釋은 (釆이 짐승의 발자국 모양이니) 빠른 눈으로 발자국을 보고 어떤 동물인가 분별하여 결론을 내림을 의미합니다. 그래서 지금도 解釋(해석)이라는 말을 사용합니다.

놓을 放(방)을 파자하면 모 方(방)과 글월 攵(문)으로 나뉘는데 攵은 원래 칠 攴(복)과 같은 字입니다. 方은 소가 끄는 쟁기의 모습으로 방향, 방법 등을 뜻합니다. 따라시 放은 한 방향으로 쳐서 내모는 것입니다.

 석방은 선견으로 판단해 놓아줌을 말하는데 釋迦(석가)의 釋을 깊이 생각
해볼 대목입니다.

7

혐의 嫌疑

– 싫어할 嫌(혐) 의심할 疑(의)

어려운 말 가운데 嫌疑(혐의)라는 글자가 있습니다. 嫌疑는 뉴스에서 자주 듣는데 의미가 쉽게 이해되지 않습니다. 오늘은 嫌疑라는 글자를 파보겠습니다.

먼저 싫어할 嫌(혐)은 두 마음을 품은 여성을 의심한다 해서 '의심하다'라는 의미가 있습니다. 嫌은 여자 女(여)와 겸할 兼(겸)이 합한 字입니다. 兼은 두 개의 벼 禾(화)를 한 손에 틀어쥔 형상입니다. 여자가 두 마음을 품었으니 여자를 의심하게 되었고 결국 싫어하게 되었나 봅니다.

의심할 疑(의)는 비수 匕(비)와 화살 矢(시), 아들 子(자), 그칠 止(지)를 합한 字입니다. 아이가 비수와 화살을 들고 멈추어 섰으니 미덥지가 않습니다. 疑는 후에 미덥지 못해 의심한다는 뜻으로 변한 것입니다.

嫌疑의 원뜻은 두 마음을 품은 여인을 믿지 못해서 여인을 불러서 사실 관계를 추국하는 것입니다. 그 말이 제자리를 벗어나 오늘날에 와서 어려워진 것은 아닐까 합니다.

8

동몽 童蒙

– 아이 童(동) 어두울 蒙(몽)

매울 辛(신)은 먼 옛날 형벌과 관련된 字입니다. 辛은 노예의 이마나 몸에 문신이나 낙인을 새기던 도구를 그린 것입니다. 여기에서 辛은 노예를 상징 하고 고생하다는 뜻을 가지게 되었고 맵다는 뜻으로 확장된 것입니다.

갑골문에서 아이 童(동)은 매울 辛(신)과 눈 目(목)이 결합된 모습입니다. 노예의 한쪽 눈을 도구로 찌르고 있는 모습을 그리고 있습니다. 그러니까 童 은 처음에는 노예나 죄인을 뜻했는데, 죄인이었던 자가 시키는 일만 하니까 멍청해졌고 나중에 어리석은 자는 아이라는 뜻으로 정착된 것입니다. 결국 아이는 교육이 없으면 어리석은 무지의 노예가 된다는 말입니다.

어두울 蒙(몽)을 파자하면 풀 艹(초)에 덮을 冖(멱)을 쓴 돼지 豕(시)가 담 겨 있습니다. 蒙은 돼지가 풀을 덮어쓴 형국이니 어둡다는 의미입니다. 풀을 빼고 흙을 덮으면 무덤 冢(총)이 되고 후에 흙 土(토)가 붙어 무덤 塚(총)으 로 정착됩니다.

결국 童蒙(동몽)은 돼지의 몽매함처럼 무지의 노예를 피할 수 없기 때문에

교육이 꼭 필요한 때입니다. 그래서 童蒙은 5세부터 13세까지 배움의 적기를 뜻합니다.

9

강연 講演

- 외울 講(강) 펼 演(연)

　훌륭한 말씀은 밥보다 낫다는 말이 있습니다. 사람은 먹어야 사는데, 밥은 생존의 필수 조건인데, 밥보다 더 나은 말씀이라니 듣고 싶어집니다. 오늘날은 매체의 발달로 밥을 굶어가며 듣는 講演(강연)은 별로 없지요.

　講演의 근본은 말씀이고 그 흐름은 물 같아야 합니다. 훌륭한 강연은 우물 井(정)처럼 견해를 겹겹이 쌓아 진리의 빛으로 쌓은 대가의 논리를 전달하는 것입니다.

　외울 講(강)을 파자하면 말씀 言(언)과 짤 冓(구)로 나뉩니다. 冓는 井과 다시 再(재)로 나뉘어 우물을 거듭해서 쌓는다는 의미입니다.

　펼 演(연)은 水에 동북 寅(인)의 합자로 여기서 寅은 양손을 절구 臼(구) 모양으로 하여 화살을 끌어안은 모습을 그린 字입니다. 演은 물이 흐르듯 자신에게로 들어오는 동쪽의 화살 빛, 즉 감동의 순간을 글자로 표현한 것입니다.

講演은 마음에 꽂히는 화살처럼 감동을 전해야하고 말씀의 논리가 탄탄해야 합니다.

10

무시 無視

- 없을 無(무) 볼 視(시)

없음은 존재했음을 전제한 말입니다. 원래 있지 않은 것이 없을 이유가 없지요. 세상을 살다보면 없던 게 생기기도 하고 있던 게 사라지기도 합니다.

없을 無는 갑골문에서 人이 양손에 깃털을 들고 춤추는 모습으로 그려져 있던 것이, 소전에서는 수풀 林(림)을 끼고 춤추는 모습으로 바뀌었습니다만, 이쨌든 춤을 주는 舞姬(무희)의 모습에서 파생된 字입니다. 부수가 불 火(화)지만 '불'과는 아무 관계가 없습니다. 無는 '~이 아니다'라는 의미로 무엇인가 화려하게 존재하는데도 없다고 강하게 부정할 때 사용합니다.

볼 視(시)는 보일 示(시)에 볼 見(견)이 붙어 확실히 '보고, 보임'을 뜻합니다.

無視(무시)에는 보임에도 보이지 않는다는 존재의 부정이, 자존에 상처를 주는 모욕의 뜻이 담겨 있습니다. 일방적인 무시는 또 다른 대립과 갈등의 전조가 됩니다. 서로 눈높이를 맞추고 인정과 다름의 이해 속에서 해결해야 합니다. 無視하지 마십시오. 그랬다간 언젠가 자신도 무시당합니다.

11

맹종盲從

– 소경 盲(맹) 좇을 從(종)

"눈 덮인 들판을 함부로 어지럽게 가지 마라 오늘 내가 걸어간 발자국이 뒤에 오는 사람의 이정표가 된다"라고 하는 유명한 시가 있습니다. 아무리 길이 없는 첩첩산중이어도 두 사람이 왔다 가면 길이 난다는 속담도 있습니다.

지금은 盲從(맹종)의 시대. 위험한 길잡이가 눈 없이 앞장을 서고, 생각 없이 무리가 뒤따르는 시대라고 합니다.

소경 盲(맹)을 파자하면 망할 亡(망)에 눈 目(목)입니다. 亡은 없을 無(무)와 같이 없다는 뜻이 있습니다. 결국 눈이 없으니 앞을 못 보는 맹인입니다.

좇을 從(종)은 조금 걸을 彳(척)과 발 止(지), 좇을 从(종)이 결합한 모습입니다. 从은 사람을 나란히 그린 것으로 뒷사람이 앞사람을 좇아가는 모습입니다. 從에는 사람이 발걸음을 옮길 때 앞에 가는 사람을 따라 결정을 내린다는 의미가 숨어 있습니다.

낯선 길을 갈 때 맹인에게 길잡이를 맡겨 그 뒤를 따르는 것은 매우 위험하고 우매한 일입니다.

12

단오 端午

- 끝 端(단) 낮 午(오)

농경 사회의 풍속 가운데 歲時風俗(세시풍속)은 한자 문화 권역 모두가 즐기는 문화였습니다. 그 절기의 유래와 말의 뜻은 정확히 알아두는 것이 좋습니다.

端午(단오)는 우리 겨레가 즐긴 명절입니다. 끝 端(단)은 설 立(입)에 뫼 山(산), 말 이을 而(이)가 결합된 字입니다. 山과 而를 합한 끝 耑(단)부터 보겠습니다. 식물이 곧게 서는 올바른 형태가 耑입니다. 耑은 식물이 싹을 틔우고 뿌리를 곧게 내린 모습입니다. 端의 핵심은 立인데 바르게 서 있는 곡식으로 걱정 없는 싹 틔움과 뿌리 내림이라는 겁니다.

낮 午(오)는 원래 곡식을 찧는 절구의 공이를 형상화한 것입니다. 그런데 해시계의 지침이 그 공이를 닮아 나중에 낮을 뜻하는 字로 정착됩니다.

午는 정점을 正午(정오)라 하고 앞을 午前(오전), 이후를 午後(오후)라 표현합니다. 또 오전을 上午(상오), 오후를 下午(하오)라고도 합니다.

결론으로 端午는 벼를 심고 뿌리 내림이 확실한 음력 오월 닷새를 기념하는 절기입니다. 端午가 중요한 이유는 곡식이 자라는데 필요한 양의 기운이 강해져 낮을 주관하기 때문입니다.

모방 模倣

- 본뜰 模(모) 본뜰 倣(방)

　귀가 번쩍 뜨이는 이야깁니다. 다름 아닌 어휘력을 높이는 방법입니다. 한 자를 배우다보면 어휘력이 비약적으로 늘게 되는 순간이 옵니다.

　한자의 회의자나 형성자는 독립된 두 字를 붙여 한 字를 만듭니다. 이런 복 합字가 한자의 90%를 차지하지요. 예를 들면 좋을 好(호)를 여자 女(여)와 아들 子(자)가 함께 만드는 이치입니다. 이때 偏旁(편방)에 관한 법칙이 있 습니다.

　왼쪽의 자를 치우칠 偏(편)이라 하고 오른쪽의 자를 곁 旁(방)이라 합니다. 偏은 部首(부수)가 오게 되고 旁에는 소리글이 오는 게 보통이지만 꼭 그런 것만은 아닙니다. 그래서 한자는 부수와 소리글만 공부해도 빠르게 어휘를 넓힐 수 있습니다.

　오늘은 없을 莫(막)과 모 方(방)의 소리글과 부수의 결합을 살펴봅니다.

　莫은 풀 艹(초)와 해 日(일)에 관한 이야기입니다. 해가 풀에 가려지니 해가 없디 히여 莫입니다. 莫이 집 宀(면)과 만나 고요할 寞(막), 수건 巾(건)을 만나 장막 幕(막), 육달 月(월)을 만나 꺼풀 膜(막)이 됩니다.

莫은 '모'로도 읽습니다. 莫가 해를 만나 해질 暮(모)가 되고 해질 때까지 힘을 쓴다고 모을 募(모)도 됩니다. 그런데 손 扌(수)를 써서 본뜰 摸(모), 베낄 摹(모)로 불리던 것이 나무 木(목)을 만나 본뜰 模(모)가 된 것은 서로 인과 관계에 있습니다.

놓을 放(방)이 人을 만나 본뜰 倣(방)이 됩니다. 같은 이치로 살펴보시기 바랍니다. 方은 의미는 달라도 旁, 紡, 訪, 房, 妨, 芳 등 20가지 정도의 글자가 있습니다. 결국 어휘력의 확장은 필시 模倣(모방)의 힘입니다.

개선 凱旋

– 개선할 凱(개) 돌 旋(선)

청나라 때에는 한자가 뜻과 다르게 획수나 모양에서 간소화됩니다. 그래서 의미가 약간 변질되어 파자도 부정확해지는 경우가 생깁니다.

凱旋將軍(개선장군) 할 때 개선할 凱(개)를 예로 들 수 있습니다. 凱의 파자는 안석 几(궤)와 뫼 山(산), 콩 豆(두)입니다. 산은 깃발이고 콩은 큰북을 뜻하는 상형자로 왕이 하사한 안석에 앉아 군중의 박수를 받으며 큰북과 기를 흔드는 광경입니다.

돌 旋(선)은 모 方(방)에 人, 발 疋(소)를 합한 字입니다. 旋은 깃발의 신호에 따라 사람의 발을 맞추어 진을 펼침을 의미합니다.

凱旋(개선)은 구름 같은 병사가 승리에 겨워 의기양양 행진하는 형상입니다. 좋은 글은 그 글을 읽을 때 이미지가 그려져야 하듯이 한자도 그 뜻이 그려져야 합니다.

요람 搖籃

- 흔들 搖(요) 대바구니 籃(람)

복지가 잘 된 제도를 지칭해 '요람에서 무덤까지'라는 표현을 씁니다. 이때 搖籃(요람)이 오늘의 주제로 강보에 싸인 어린 시절을 말합니다. 먼 옛날에는 탁아가 어려워 대바구니에 아기를 눕혀 놓았습니다. 아기가 몸부림치면 흔들리게 되고 흔들림 속에서 아기가 안정을 찾게 되는 그런 육아 도구가 바로 요람입니다.

흔들 搖(요)는 손 手(수)에 육달 月(월), 술통 缶(부)가 결합한 字입니다. 搖는 고기 안주에 술이든 술통을 부여안고 흥에 겨워 흔드는 형상입니다.

대바구니 籃(람)은 대나무 竹(죽)에 볼 監(감)을 말합니다. 대나무 바구니에 담아 살펴보는 도구를 일컫습니다.

지금의 요람은 공산품으로 육아 용품이지만 먼 옛날 요람은 육아 전용이 아닌 여러 가지 용도로 쓰던 대바구니였습니다. 실용적이라고 해야 할까요. 슬픔일까요. 어린 시절은 가난해도 아름답지요.

탁마 琢磨

– 다듬을 琢(탁) 갈 磨(마)

學習(학습)의 또 다른 표현으로 切磋(절차)가 있습니다. 옥석을 발견하면 돌에서 옥만 잘라내고 그 거친 단면을 줄로 다듬는 것이 切磋 곧 배움이라 했습니다. 사람이 배움만 있고 인격의 수양이 없으면 교만과 과시만 남게 됩니다.

이후의 수련은 옥을 쪼아 모양을 만들고 맷돌에 갈아 완성을 기하는 절차를 밟아야 합니다. 즉, 궁극에는 琢磨(탁마)가 있어야 완성인 셈입니다.

다듬을 琢(탁)은 구슬 玉(옥)과 돼지 豕(시)에 획을 더한 발 얽은 돼지의 걸음 豖(촉)을 합하여 만든 字입니다.

갈 磨(마)는 삼 麻(마)에 돌 石(석)이 결합해 맷돌의 뜻이 됩니다.

切磋琢磨(절차탁마)는 결국 배움으로 눈을 뜨고 인격의 완성에 이르러야 한다는 의미입니다.

발효 醱酵

- 술 괼 醱(발) 삭힐 酵(효)

익으면 술이 되고 썩으면 부패합니다. 같은 화학 작용인데 醱酵(발효)는 향긋하고 부패는 악취가 납니다. 부패는 유기물에 대한 미생물 분해로 악취와 유독성 물질을 생성하는 과정입니다. 발효는 효모의 미생물 작용으로 효소 분해되어 알코올류나 유기산류가 발생하는 작용이지요.

부패와 발효는 출발부터 다릅니다. 술 괼 醱(발)은 닭 酉(유)와 필 發(발)이 결합해 술을 담그는 데 있어 그 시작이라는 뜻입니다. 發은 등질 癶(발)과 활 弓(궁), 몽둥이 殳(수)로 활과 몽둥이를 들고 두 발로 쫓는 것을 말합니다. 술이 맛을 내어 숙성되려면 과육을 밟아 부드럽게 하고 효모의 원숙한 숙성이 일어나는 과정이 필요한데 그게 바로 醱입니다.

삭힐 酵(효)는 노인의 지혜를 본받아 정성을 다하는 酵母(효모)의 숙성 과정입니다.

술의 시작이 본래 약이듯 발효는 숙성의 지혜로 익어가는 식품입니다.

18

염치 廉恥

– 살필 廉(염) 부끄러울 恥(치)

벼 禾(화)는 밥 食(식)의 대표 字입니다. 더구나 쌀을 주식으로 하는 우리에겐 그렇습니다. 대동법을 언급하지 않더라도 얼마 전까지 우리 시골에서도 쌀은 돈이었습니다.

살필 廉(염)은 집 广(엄)과 겸할 兼(겸)을 결합한 字입니다. 兼은 양손에 禾를 거머쥔 모습입니다. 『설문해자』에서는 廉을 正直不貪(정직불탐)이라 했습니다. 正直不貪의 의미는 바르고 곧아서 탐하지 않는 것입니다. 말로 주고 되로 받는 마음이 廉입니다. 이것을 體面(체면)이라 했습니다.

부끄러울 恥(치)를 파자하면 귀 耳(이)와 心입니다. 마음의 소리를 귀가 듣는 것이 恥입니다.

언젠가부터 우리는 양심의 호소에 귀를 막고 삽니다. 결론적으로 廉恥는 세상을 살아가는 데 욕심을 갖지 않고 부끄러움을 아는 마음입니다. 요즘 세상은 염치를 잃었습니다. 염치만 회복해도 행복한 사회가 될 텐데 말이지요.

배려 配慮

– 나눌 配(배) 생각할 慮(려)

'배달의 민족'이라고 합니다. 배달을 配達(배달)로 쓰면 옮김의 뜻이 됩니다. 倍達(배달)로 쓰면 우리 겨레를 뜻하며 '곱으로 통달할 겨레'라는 뜻이 됩니다. 웃자고 한 말이겠지만 배달은 이렇게 다른 뜻이 됩니다.

나눌 配(배)를 파자하면 닭 酉(유)와 몸 己(기)입니다. 酉는 닭을 뜻하기도 하지만 본래 술병이나 술 항아리를 형상화한 것으로 술을 뜻하는 字입니다. 그러니 配는 무릎을 꿇고 술병을 들여다보는 형상을 표현한 字입니다. 다시 말해 配는 살핌의 字입니다. 그렇게 살펴서 고르게 분배하는 것이 전제된 字입니다.

생각할 慮(려)는 호피 무늬 虍(호)와 생각 思(사)로 나뉘며 호랑이를 걱정하는 마음입니다. 사실 태어나 죽는 날까지 걱정 없는 사람은 없습니다. 뒤에서는 승냥이가 쫓아오고 앞은 벼랑이고 피해서 잡은 벼랑 끝 동아줄을 쥐가 갉고 있고, 그 아래 뱀이 똬리를 틀고 있는 게 인생이라는 그림이지요.

配慮(배려)의 사전적 의미는 마음으로 보살피고 도와주는 것입니다. 살펴고 걱정하는 마음이 본디 의미일 테고 그 살핌은 무릎을 꿇을 정도로 세심함이 필요합니다. 결국 상대가 처한 어려움에 대한 세심한 생각이 배려가 아닐까요.

수작 酬酌

― 갚을 酬(수) 술 부을 酌(작)

말은 변한다는 말에 동의하면서도 酬酌(수작)의 변화는 이해하기 어렵습니다.

갚을 酬(수)는 닭 酉(유)에 고을 州(주)를 씁니다. 酬는 원래 갚을 醻(수)와 같은 의미로 써왔던 것으로 보입니다. 그래서 건강을 기원하며 술을 권한다는 의미와 방문해준 손님에게 대접한다는 의미를 지닙니다.

술 부을 酌(작)은 酉와 구기 勺(작)으로 술을 권할 때, 잔이 넘치지 않도록 마음을 쓴다는 의미입니다.

그러므로 술을 빌어 존경의 예를 표하고 주량을 배려하므로 상대와의 관계를 돈독히 하는 것이 수작입니다. 그런데 최근에 와서는 터무니없는 행태를 보일 때 수작 부린다고 말합니다. 왜 의미가 퇴색되었을까요. 아마도 酒道(주도)가 사라지고 막술로 실수를 하게 되면서 퇴화한 것은 아닐지 짐작해봅니다.

21

낙제 落第

- 떨어질 落(낙) 순서 第(제)

성적의 좋고 나쁨으로 매기는 순서가 중요할까요. 학생이 배우기 위해 학교로 갔지만 경쟁의식만 배웠습니다. 성적 소외가 사회 소외로 이어지는 것은 아닐까요. 오늘은 落第(낙제)가 파자의 재료입니다.

떨어질 落(낙)은 풀 艹(초)와 水, 각각 各(각)이 결합돼 있습니다. 원래 물 이름 洛(낙)은 水가 아니라 비 雨(우)였는데 지금은 水로 정착되었습니다. 落의 뜻은 풀잎이 비처럼 하늘하늘 내리는 형상이랍니다.

순서 第(제)는 순위를 가리킬 때 씁니다. 대나무 竹(죽)에 아우 弟(제)로, 대나무를 위에서 아래로 순서대로 엮는다는 의미입니다. 따라서 순서대로 엮음에서 떼어내 순위 밖으로 내모는 것이 落第입니다.

'공부 우등생이 사회 낙제생'이라는 말이 있습니다. 이 말은 공부도 사회성의 공감이 우선되고 서로 밀어주고 끌어줌이 필요하다는 의미가 아닐까요. 낙제되지 않아야 한다는 위기의식보다 배우는 성취감이 참교육입니다.

22

시종 始終

– 비로소 始(시) 마칠 終(종)

한자를 배우는 이유는 글을 제대로 알기 위함입니다. 한자의 모양을 보고 뜻을 유추하고 字를 해독하고 읽을 수 있는 능력을 갖추기 위함입니다.

비로소 始(시)를 보면 뭐가 떠오르나요. 먼저 여자 女(여)가 보이고 이를 台(이)가 보입니까. 台는 사사 厶(사)와 口가 결합된 것으로 수저를 입에 가지다 내는 모습입니다. 결국 始는 아기가 엄마의 팔에 안겨 젖을 먹는 모습입니다. 台는 다른 말로 태라고도 합니다. 엄마의 뱃속에서 영양분을 공급받으며 자라기 때문에요.

마칠 終(종)은 실을 꼬아 마무리를 지을 때의 매듭 묶음입니다. 실 糸(사)에 겨울 冬(동)으로 만든 字입니다. 冬은 뒤져올 夂(종)에 얼음 冫(빙)을 덧붙여 움직임이 멈춘 때를 뜻합니다.

다시 始終(시종)을 생각해봅니다. 인생의 시종도 중요하지만 하루에도 시종이 있습니다. 인생이든 하루든 시작함은 어머니의 뱃속처럼 無缺(무결)에서 시작하고 마무리는 매듭이 풀리지 않게 깔끔해야겠지요.

始에서 어머니와 태가 보여야 시작을 알 수 있고 終에서 실과 겨울이 보여야 끝이 보입니다. 시작과 끝이 시종임을 알게 되었다면 파자는 잘 된 겁니다.

무속 巫俗

- 무당 巫(무) 풍속 俗(속)

사람은 미래를 모릅니다. 대신 靈媒(영매)를 통해서 미래를 봅니다. 귀신 神(신)을 불러내고 접신을 하고 빙의를 통해 계시를 전하는 일련의 신탁 행위를 巫俗(무속)이라 합니다.

무당 巫(무)는 장인 工(공)과 두 개의 人을 합한 字입니다. 工은 위의 저승과 아래의 이승을 징검다리로 이어주고 있음을 보여줍니다. 두 개의 人은 한 사람은 무당이고 또 한 사람은 접신한 사람을 나타냅니다. 여성 巫人을 巫女(무녀)라 하고 남자를 巫覡(무격)이라 합니다. 박수 覡(격)을 보면 볼 見(견)이 보이는데 관찰자의 입장입니다.

풍속 俗(속)은 골 谷(곡)과 人이 결합된 字인데 결국 속세라는 이야깁니다. 골짜기에 사람이 모여 살았고 그 세상을 俗이라고 했습니다.

대부분 종교는 脫俗(탈속)을 전제합니다만 무속은 그렇지가 않았나 봅니다. 무속은 우리 역사만큼이나 오래된 종교로 지금도 우리 곁에 살아 있습니다.

24

우울 憂鬱

– 근심 憂(우) 답답할 鬱(울)

　우울증이 사회 문제로 커지고 있습니다. 강한 정신을 가지면 문제가 없는데 그렇지 못해 고독감에 빠져 목숨도 잃습니다. 우울을 표현한 한자는 무엇일까요? 심장이 압박을 받는 모습이라면 잘 표현된 건가요.

　근심 憂(우)는 (이미 여러 번 얘기했습니다만) 머리 頁(혈)과 덮을 冖(멱), 心, 뒤져 올 夂(치)가 결합된 모습입니다. 憂는 사람의 머리부터 심장, 발까지가 묘사된 글자입니다. 憂는 머리와 발 사이에 心이 있어 마치 큰 머리가 심장을 짓누르는 듯합니다. 심장이 압박받는 모습은 '근심'을 뜻합니다.

　답답할 鬱(울)에는 재미있는 字가 담겨 있습니다. 鬱은 수풀 林(림), 장군 缶(부), 터럭 彡(삼), 울창주 鬯(창)이 합해진 字입니다. 鬯은 원래 울금으로 빚은 술로 손님 접대용으로 내어놓던 귀한 술인데 집 안에 잘 보이는 곳에 세워두었다고 합니다. 결국 鬱은 울창주를 담은 술통을 숲에 던져 술은 대접도 못 하고 봉두난발을 하게 됐다는 의미입니다. 얼마나 울화가 치밀까요. 그런 억누르는 마음을 抑鬱(억울)이라 하고 억울한 마음을 鬱憤(울분)이라 합니다.

결론저으로 憂鬱(우올)은 근심 때문에 납납해진 마음입니다. 하루속히 마음의 숲에서 버려진 술통을 씻어 그 속에 술을 담아 마음 터놓을 벗을 불러봅시다. 벗을 만나기 전에 목욕 재개하면서 스스로 심장에 압박을 내려놓으면 좋겠습니다.

절차 節次

- 마디 節(절) 버금 次(차)

　과정보다 결과를 중시하면 반칙이 생기기 십상이니 안 하니만 못한 결과를 맞이할 때가 많습니다. 그래서 만나보는 字는 節次(절차)입니다.

　마디 節(절)을 파자하면 대나무 竹(죽)과 곧 卽(즉)을 볼 수 있습니다. 卽은 흰 白(백), 비수 匕(비), 병부 卩절을 합한 字입니다. 여기서 白은 쌀입니다. 卽은 숟가락으로[匕] 쌀[白]을 뜨려고 죽 그릇 앞에 무릎을 꿇고 있는 사람[卩]의 모습입니다. 음식을 막 먹으려는 순간이니 '곧'이라는 뜻이 되었습니다. 마디를 뜻하는 節은 제사의 禮節처럼 엄격함을 뜻하는 자의로 굳어져 왔습니다.

　버금 次(차)는 二와 하품 欠(흠)을 결합한 字입니다. 여기서 二자는 원래 침이 튀는 모습을 표현했는데 후에 '버금가다', '다음'이라는 뜻이 붙었습니다. 그래서 次는 지루하여 하품하며 다음 수준을 요구하는 字라는 의미입니다.

　결국 節次는 물이 흐르듯 순서에 따르는 과정을 이행한다는 의미입니다. 節은 仲秋節(중추절)에도 쓰이고 季節(계절), 名節(명절)에도 쓰입니다. 그만큼 엄격하게 약속된 절기란 뜻입니다.

만개 滿開

- 찰 滿(만) 열 開(개)

가득 찬다는 것은 없던 것이 생기는 것을 의미하고 무에서 유의 물리적 변화를 수반합니다. 가득 차다는 의미를 지닌 한자는 뭐가 있을까요.

한자로는 자라서 그릇에 가득 차는 채울 充(충), 利文(이문)을 얻어 그릇에 담는 이문 얻을 及(고)에 그릇 皿(명)을 결합한 찰 盈(영) 등이 있습니다. 그래서 옛 문상에는 充滿(충만)과 盈滿(영만)이라 해서 가득 참의 뜻을 표현합니다.

充滿과 盈滿에는 공통적으로 찰 滿(만)이 나옵니다. 궁극의 채움의 끝은 滿으로 귀결되지요. 滿은 水와 十, 두 兩(량)을 합한 字입니다. 즉 두 개의 물동이에 물을 가득 채워 충만히 한다는 의미가 됩니다. 充이든 盈이든 滿에 이르러야 채움의 완성이 된다는 것이지요.

열 開(개)는 문 門(문)에 평평할 幵(견)을 합한 字입니다. 开은 두 개의 物件(물건)이 平平(평평)하게 줄을 짓는 일입니다. 開는 두 손으로 빗장을 들어 올려 양쪽 문짝을 여는 모습입니다.

결국 滿開(만개)란 내용물이 넘치는 것이 아니라 장마에 둑이 터지듯 쏟아짐을 말합니다. '봄은 갖가지 꽃이 만개했다'는 말은 꽃의 홍수에 세상이 물이 들었다는 표현이 아닐까요.

1. 한자 부수 일람

　소리는 바뀌어도 뜻은 그대로 유지되는 것이 한자의 특징입니다. 우리가 쓰는 한자의 소리는 당나라 때의 발음이라고 알려져 있습니다. 우리나라는 한자 소리의 기록 방법에 있어 오늘까지 형태가 온전하나 중국은 소리가 변했기 때문에 오늘날 한국과 중국의 발음차가 생겼습니다. 하지만 뜻은 변함이 없습니다. 오히려 뜻을 확장해 의미가 다양해진 것이 오래된 언어의 공통점입니다. 그래서 글의 字素(자소)를 분해하고 그 속에 녹아 있는 語源(어원)을 살펴보며 확장된 기원과 확장된 의미를 살펴 한자의 재미를 더듬어보았습니다.

　부수(部首)에 대해 정확하게 이해하고 있어야 한자와 한문 실력이 붙습니다. 한자의 근원은 갑골과 상형에서 찾고 5천 년을 거슬러 올라갑니다. 진나라의 진시황 때 글자를 표준으로 쓰게 되었는데 그것이 小篆體(소전체)입니다. 이후 후한의 許慎(허신)에 와서 한자의 뜻을 살피는 책인『설문해자』를 냅니다. 이 책은 소전자의 자소 분석을 통해 뜻을 풀이했습니다. 당시 통용된 한자를 540개의 유사한 群(군)으로 묶어서 9,353자의 한자를 수록하게 되는데 그 유사성의 으뜸자를 부수라 명했습니다. 그 뜻을 묶음의 머리 字로 엮어 만든 것이 옥편이요. 사전의 효시입니다.

그렇게 540개의 으뜸자가 중국 청나라 강희황제에 이르러 칙령으로 또다시 글자를 정리하니 이게『康熙字典(강희자전)』입니다. 대학사 陳廷敬(진정경)을 중심으로 30명의 학자가 5년 만인 1716년에 완성합니다. 물론 명나라의『字彙(자휘)』,『正字通(정자통)』을 참고하여 정리하였는데, 이때 부수가 214자로 정리되지만 글자 수는 4만7천 자로 늘어납니다.

부수는 영어의 알파벳과 같은데 부수가 540개에서 214개로 정리되면서 뜻의 통합과 왜곡 등이 일어났습니다. 또한 부수의 근원이 희미해져 혼용을 불러오는 것은 당연합니다. 한자의 제자 원리 가운데 가장 많은 글자는 형성자라고 합니다. 한자의 약 80%로 이루어져 있는데 부수를 알고 그 소리글과 뜻글의 결합을 살펴 글자를 만드는 원리입니다.

부수는 대개가 사람의 신체와 자연, 생활을 중심으로 으뜸글인 214자를 뽑았고 이 글자로 소리글과 뜻글을 만들어 한자의 대다수를 차지하는 형성자를 만들게 됩니다.

2. 漢字部首表(한자부수표) 214字

一 한일	厶 마늘모	廾 스물입발	毛 터럭모
丨 뚫을곤	又 또우	弋 주살익	氏 각시씨
丶 점주	口 입구	弓 활궁	气 기운기엄
丿 삐침별	囗 큰입구몸	彐 튼가로왈, 彑	水 물수, 氵
乙 새을	土 흙토	彡 터럭삼	火 불화, 灬
亅 갈고리궐	士 선비사	彳 두인변	爪 손톱조, 爫
二 두이	夊 뒤져올치	心 마음심, 忄	父 아비부
亠 돼지해머리	夂 천천히걸을발쇠	戈 창과	爻 점괘효
人 사람인, 亻	夕 저녁석	戶 지게호	爿 장수장변
儿 어진사람인발	大 큰대	手 손수, 扌	片 조각편
入 들입	女 계집녀	支 지탱할지	牙 어금니아
八 여덟팔	子 아들자	攴 칠복, 攵	牛 소우, 牜
冂 멀경	宀 갓머리	文 글월문	犬 개견, 犭
冖 민갓머리	寸 마디촌	斗 말두	玄 검을현
冫 이수변	小 작을소	斤 날근	玉 구슬옥, 王
几 안석궤	尢 절름발이왕, 尣	方 모방	瓜 오이과
凵 위튼입구몸	尸 주검시엄	无 이미기방, 없을무	瓦 기와와
刀 칼도, 刂	屮 왼손좌, 싹날철	日 날일	甘 달감
力 힘력	山 뫼산	曰 가로왈	生 날생
勹 쌀포몸	巛 개미허리	月 달월	用 쓸용
匕 비수비	工 장인공	木 나무목	田 밭전
匚 튼입구몸	己 몸기	欠 하품흠	疋 짝필
匸 감출혜몸	巾 수건건	止 그칠지	疒 병질엄
十 열십	干 방패간	歹 죽을사변, 歺	癶 필발머리
卜 점복	幺 작을요	殳 갖은등글월문	白 흰백
卩 병부절, 㔾	广 엄호	毋 말무	皮 가죽피
厂 민엄호	廴 민책받침	比 견줄비	皿 그릇명

	漢字	뜻		漢字	뜻		漢字	뜻		漢字	뜻
	目	눈목		舛	어그럴질천		邑	고을읍, 阝		髟	터럭발
	矛	창모		舟	배주		酉	닭유		鬥	싸울투
	矢	화살시		艮	괘이름간	⑦	采	분별할변, 釆	⑩	鬯	울창주창
	石	돌석		色	빛색		里	마을리		鬲	다리굽은솥력
⑤	示	보일시, 礻		艸	풀초, 艹		金	쇠금		鬼	귀신귀
	内	짐승발자국유	⑥	虍	범호엄		長	길장, 镸		魚	물고기어
	禾	벼화		虫	벌레훼		門	문문		鳥	새조
	穴	구멍혈		血	피혈		阜	언덕부, 阝		鹵	짠땅로
	立	설립		行	다닐행	⑧	隶	미칠이	⑪	鹿	사슴록
	竹	대죽		衣	옷의		隹	새추		麥	보리맥
	米	쌀미		襾	덮을아, 西		雨	비우		麻	삼마
	糸	실사		見	볼견		青	푸를청		黃	누를황
	缶	장군부		角	뿔각		非	아닐비	⑫	黍	기장서
	网	그물망, 罒		言	말씀언		面	낯면		黑	검을흑
	羊	양양		谷	골곡		革	가죽혁		黹	바느질할치
	羽	깃우		豆	콩두		韋	가죽위		黽	맹꽁이맹
	老	늙을로, 耂		豕	돼지시		韭	부추구	⑬	鼎	솥정
⑥	而	말이을리	⑦	豸	갖은돼지시변		音	소리음		鼓	북고
	耒	가래뢰		貝	조개패	⑨	頁	머리혈		鼠	쥐서
	耳	귀이		赤	붉을적		風	바람풍		鼻	코비
	聿	붓율		走	달릴주		飛	날비	⑭	齊	가지런할제
	肉	고기육, 月		足	발족		食	밥식, 飠	⑮	齒	이치
	臣	신하신		身	몸신		首	머리수		龍	용룡
	自	스스로자		車	수레거		香	향기향	⑯	龜	거북귀
	至	이를지		辛	매울신		馬	말마	⑰	龠	피리약
	臼	절구구		辰	별진	⑩	骨	뼈골			
	舌	혀설	⑩	辵	갖은책받침, 辶		高	높을고			

破字(파자)하면 漢字(한자)가 보인다

하루에 한 번, 파자시

1판 1쇄 인쇄	2019년 12월 20일
1판 1쇄 발행	2019년 12월 27일
지은이	안채영
발행인	윤미소
발행처	주)달아실출판사
책임편집	박제영
편 집	함혜인
디자인	전형근
마케팅	배상휘
주소	강원도 춘천시 춘천로17번길 37. 1층
전화	033-241-7661
팩스	033-241-7662
이메일	dalasilmoongo@naver.com
출판등록	2016년 12월 30일 제494호

ISBN 979-11-88710-54-6

* 이 도서의 국립중앙도서관 출판예정도서목록(CIP)은 서지정보유통지원시스템 홈페이지 (http://seoji. nl.go.kr)와 국가자료공동목록시스템(http://www.nl.go.kr/kolisnet)에서 이용하실 수 있습니다.(CIP제어번호: CIP2019049273)
* 잘못된 책은 구입한 곳에서 바꿔드립니다.
* 책값은 뒤표지에 표시되어 있습니다.
* 이 책은 경남문화예술진흥원의 문화예술지원금을 보조받아 발간되었습니다.